KB263106

펭귄, 하늘을 달리다

펭귄, 하늘을 달리다

펴 냄 2010년 9월 15일 1판 1쇄 박음 / 2012년 5월 15일 1판 3쇄 펴냄
지은이 이병훈, 주영하
펴낸이 김철종
펴낸곳 (주)한언
　　　　등록번호 제1−128호 / 등록일자 1983. 9. 30
주 소 서울시 마포구 신수동 63−14 구 프라자 6층(우 121−854)
　　　　전화. 02)701−6616(대) / 팩스. 02)701−4449
책임편집 박현진
디자인 정현영 · 양미정 · 백은미 · 하현지 · 김문정
일러스트 백은미
홈페이지 www.haneon.com
이메일 haneon@haneon.com

· 이 책의 무단전재 및 복제를 금합니다.
· 잘못 만들어진 책은 구입하신 서점에서 바꾸어 드립니다.

ISBN　　978-89-5596-585-8　　43370

펭귄, 하늘을 달리다

이병훈, 주영하 지음

한그

책상 앞에 앉아 책을 펼쳐보기는 했지만 보이는 글자들이 대체 무슨 소리인지 머리에 입력이 되지 않는 친구, 수업 시간에 선생님 말씀이 전혀 귀에 안 들어와 알록달록 색깔 펜으로 그저 교과서에 밑줄만 박박 그어대는 친구, 공부 잘하고 싶은 마음은 굴뚝 같은데 방법을 몰라서 답답한 친구들에게 이 책을 적극 추천합니다.

이 책은 그동안 공부를 해도 성적이 오르지 않아 답답하기만 했던 고민들을 해결하고 자연스럽게 공부하는 습관을 잡을 수 있는 길을 알려줍니다. 뒤뚱거리기만 하던 펭귄이 힘차게 하늘을 달리듯 새로운 무대의 주인공이 되고 싶다면, 어서 책장을 넘겨보세요.

_박혜은 (양강중학교 교사)

학생들은 저마다 가진 능력이 다릅니다. 하지만 한 가지 공평한 것은 누구에게나 똑같이 24시간이 주어진다는 것이죠. 관건은 '어떻게 하면 정해진 시간을 가장 효율적으로 활용해 자신의 능력을 최대한 발휘하는가?' 입니다. 그 해답은 바로 올바른 공부 습관을 기르는 데서 출발합니다. 이 책에는 스스로 공부하고 문제를 해결해 나갈 수 있는 훌륭한 무기를 만드는 법이 담겨 있습니다. 그리고 더 나아가 대입뿐만 아니라 이후의 삶의 목표를 설정하고 구체적인 계획을 만들어 꿈에 도달하는 모든 과정을 하나하나 보여줍니다. 평소 공부 습관의 중요성은 알지만 어떠한 방법이 자신에게 적합한지 궁금하고 막연했던 학생이라면 보통 아이들의 습관 체득기가 담긴 이 책을 읽고 '나만의 공부 습관'을 만들어보길 바랍니다.

_김시라 (광주과학기술원 GIST대학 입학사정관)

꿈이라는 최종 목표에 도달하기 전에 이 시대 학생들이 안고 있는 가장 큰 과제이자 목표는 '공부'다. 가장 많이 듣는 말도 "공부 열심히 해라"일 것이다. 공부를 열심히 한다는 것은 어떻게 보면 쉬운 일일 수도 있지만 사실은 몹시 어려운 일이기도 하다. 대체 어떻게 열심히 하라는 말인가?

이 책은 이 문제에 대한 해답을 유쾌하게 제시하고 있다. 공부를 열심히 하려고 했지만, 어떻게 하는 것이 열심히 하는 것인지 잘 몰랐던 학생들에게는 가뭄에 단비 같은 내용이다. 세 주인공의 이야기를 따라가다 보면 어느새 자신의 낡은 습관을 버리고 공부에 가까이 다가가는 방법을 실제로 경험하듯이 생생하게 느낄 수 있다.

비슷한 상황에 놓인 아이들의 공부 경험을 통해 꿈으로 가는 길을 발견하고 싶은 학생들이 이 책을 읽게 되길 바란다.

_백유선 (보성중학교 교사)

처음에는 재미있어서 읽었다. 나중에는 '나도 이렇게만 하면 되겠구나' 하는 자신감이 생겼다. 공부하는 방법을 담은 책이라고 하면 엄친아와 외계인 같은 완벽한 사람들의 이야기라서 늘 나와는 거리가 멀다고 느꼈다. 하지만 이 책은 나처럼 실수도 하고 가끔씩 마음이 약해지기도 하는 아이들의 이야기라 쉽게 공감할 수 있었다. 그리고 아무리 좋은 공부 방법이라도 그걸 어떻게 해야 하는지 막막하기만 했는데 이 책에는 그 방법을 주인공들이 하나하나 해보고 문제가 생기면 그걸 해결해가는 모습까지 구체적으로 담겨 있어서 '아, 저렇게만 하면 나도 얼마든지 꿈을 이룰 수 있겠구나' 하는 희망이 생겼다. 이제부터 얼른 그것들을 실제로 해보고 싶다.

_조윤영 (문정중학교 3학년)

'내 안에 도대체 어떤 것들이 있는지 알고 싶은 학생'

'노력은 했지만 번번이 원하는 성적이 나오지 않아 자신감을 잃은 학생'

'공부의 노하우를 익히고 싶은 학생'

이런 학생들에게 꼭 필요한 책입니다.

성적은 공교육이나 사교육의 질로만 결정되는 걸까요? 이 책은 그렇지 않다는 사실을 보여줍니다. 자신의 노력과 스스로가 찾은 노하우가 더욱 중요하다는 것을 알려주기 때문입니다. 처음부터 공부를 잘한다면 더없이 좋겠지만 지금은 그렇지 않더라도 아직 늦지 않았다는 자신감을 심어주는 이 책을 추천합니다.

_이윤경 (보라중학교 교사)

평소에 학생들을 보면 공부를 해야 하는 이유와 공부 습관의 중요성을 모르는 학생은 없습니다. 다만 이런 깨달음을 삶에 적용하지 못하고 똑같은 실수를 반복하며 좌절하는 모습을 보며 안타까웠습니다. 시중에 나와 있는 많은 공부법 도서들은 이러한 중요성을 깨우쳐 주지만 동시에 학생들을 좌절하게 만들기도 합니다. 일반적인 학생들이 스스로 느끼기에는 그들의 성공담과 공부 원리를 실천하기가 너무 어렵기 때문입니다. 이 책에는 주변에서 흔히 볼 수 있는 평범한 학생들과 다를 바 없는 세 인물이 등장합니다. 셋이서 함께 병훈 형의 멘토링을 받으며 좌충우돌하면서도 서서히 변화하는 과정이 흥미롭게 담겨 있습니다. 이제부터 아이들을 가르치고 지켜보며 꼭 하고 싶었던 말을 이 책에 담아 선물하면 될 것 같습니다. 많은 학생들에게 위로와 자신감을 줄 이 책을 추천합니다.

_이예경 (이대부고 교사)

학생들의 다양한 수준에 맞춘 학습 자료는 이미 많이 나와 있습니다. 하지만 문제는 학생들이 그 학습 자료들을 어떻게 활용하여 자신만의 것으로 만드는지 몰라 자신의 꿈을 잃어간다는 것입니다. 이러한 학생들은 대부분 자신감이 떨어지고, 공부 습관이 잘 형성되어 있지 않는 경우가 많습니다. 따라서 학년이 올라갈수록 점점 공부에 흥미를 잃어가고, 결국 공부를 포기하게 됩니다.

이런 학생들에게 이 책이 주고자 하는 것은 바로 희망입니다. 이 책에는 저자의 경험을 바탕으로 꿈을 설정하고 자신감을 채워서 자신만의 공부 습관을 만들어나가는 비법이 꽉꽉 담겨 있습니다. 하루하루 습관을 바로잡으며 공부하다 보면 기적처럼 자신의 꿈이 현실이 될 것입니다. 학부모님들도 이 책을 보시고, 학생들이 공부 습관을 잘 형성할 수 있도록 도움을 주시면 더할 나위 없이 좋을 것입니다.

_김경은 (동작중학교 교사)

'내가 할 줄 아는 게 정말 게임밖에 없을까?'

공부를 못하고 싶은 학생은 없습니다. 학기 초나 방학이 시작될 때마다 야심찬 계획을 세우는 많은 학생들만 보아도 알 수 있죠. 하지만 하루나 이틀이 지나면 다시 예전 생활로 쉽게 돌아가버리곤 합니다. 이런 시기에 아이들을 꽉 잡아줄 수 있는 방법이 무엇일까요? 바로 새로운 삶을 시작할 수 있다는 자신감을 찾는 것입니다. 그렇지 않고서는 지난 십여 년간 우리 몸 깊숙이 배어 있던 낡은 습관을 버리기 어려우니까요.

이 책의 주인공은 주변에서 흔히 볼 수 있는 평범한 학생들입니다. 공부는 잘하고 싶지만 자꾸만 성적이 오르지 않아 자신감을 잃어가던 친구들. 그중 한명이었던 홍민이가 게임도 끊고 변하면서 이야기는 시작됩니다. 자신이 뭘 잘하는지도 모르고 무작정 몰려다니기만 하던 아이들이 즐겁게 꿈을 키워가는 과정에서 어느새 자신에게 일어난 기적 같은 변화를 깨닫게 되죠. 갑자기 공부를 하겠다며 앞자리에 앉은 홍민이. 왜 홍민이는 앞자리에 갔을까요? 그리고 뒤뚱거리기만 하던 홍민이와 친구들은 어떻게 하늘을 달리는 듯한 짜릿한 기분을 맛볼 수 있었을까요?

꿈을 말하기는 쉽습니다. 하지만 당장 눈앞에 놓인 작은 목표부터 돌파하지 않으면 꿈에 도달하기 어렵죠. 꿈은 결국 작은 목표가 모여 만들어지는 것이니까요. 그중에서도 공부는 꿈으로 이어지는 디딤돌입니다. 이 디딤돌을 튼튼하게 만들려면 올바른 공부 습관을 들여야겠죠. 올바른 공부 습관을 통해 쑥쑥 오르는 성적을 보며 자신이 얼마만큼 성장했는지 확인하다 보면 어느샌가 목표를 향해 달리고 있는 자신을 만나게 될 테니까요. 어렵게 변화를 마음먹은 아이가 자신에게 실망하거나 포기하지 않길 간절히 바라는 마음으로 이 책을 전합니다.

청소년들이 이 책을 통해 자기 안의 놀라운 힘을 깨닫기를 기대하며

_저자 이병훈, 주영하

Contents

공부도 우정도
어렵기만 한 열여섯 살

'아, 지겹고도 지겹구나.'

교실에는 한용운의 시를 읊는 국어 선생님의 목소리가 울려 퍼지고 있었다. 뚱뚱한 몸에 곱슬머리, 성악가처럼 듣기 좋은 목소리를 가진 선생님을 모두들 '파바로티'라고 불렀다. 노래하듯 읊고 있는 시를 듣고 있으니 절로 하품이 나온다. 슬쩍 눈을 돌려보니 창 너머로 운동장에서 열심히 뛰고 있는 아이들의 모습이 보였다.

'저 녀석들, 엊그제 우리 반한테 축구 지더니 완전 열심이네.'

화끈한 마지막 역전 슈팅을 생각하자 나도 모르게 엉덩이가 들썩이고 웃음이 났다. 그때 국어 선생님의 시선이 내게로 향하는 것이 느껴졌다. 나는 웃음을 그치고 바로 앉았다.

'아이폰이 나오는 21세기 최첨단 시대에 웬 할아버지 시인이야?'

나는 졸린 눈을 애써 뜨며 미간을 찌푸렸다. 파바로티 선생님은 항상 느긋했지만 학생들이 수업 시간에 조는 것만큼은 절대 용납하지 않았다. 선생님은 뒤통수에도 눈이 달려 있는 게 분명했다. 교과서로 가리기, 턱 괴고 졸기 등 온갖 방법을 써도 선생님 눈은 피해 갈 수 없었다.

게다가 걸린 녀석들에게는 시를 두 편씩 써 오도록 시켰다. 숙제하고 학원만 가도 버거운 시간에 졸린 눈으로 멍하니 백지를 들여다보고 있자면 온 세상이 암흑이었다. 그 숙제 때문에 국어 시간에는 아무도 졸지 않았다. 파바로티 선생님은 정말 똑똑한 분이시다.

문득 앞자리를 건너다보았다. 나는 이렇게 졸린데 홍민이는 맨 앞에 앉아 선생님의 설명에 고개까지 끄덕이고 있다. 잘 알지도 못하면서 다 아는 것처럼 고개를 끄덕이다니 정말로 가증스러운 녀석이다.

* * *

홍민이가 변하기 시작한 건 지난 겨울부터였다. 나와 홍민이와 승재는 1학년 때도 같은 반, 2학년 때도 같은 반이었다. 배정을 받는 순간 우리는 얼싸안고 기뻐했다. 그리고 3학년인 올해도 역시 같은 반이 되어 "이건 운명!"이라며 한창 신이 났던 차였다. 그런데 불과 두 달도 지나지 않아 모든 것이 변했다. 홍민이는 작년만 해도 내 옆에서 나란히 졸고, 문자 보내는 게 일이었다. 그러던 녀석이 뭘 잘못 먹었는지 180도 달라졌다. 우리가 그토록 경멸했던 '공부벌레'가 된 것이다.

그때 무릎 위에 놓아둔 휴대폰이 깜박거렸다. 승재가 복도 쪽 의자에서 나를 향해 묘한 웃음을 흘리고 있었다.

파바로티 셔츠 좀 봐. 완전 스타 맵ㅋㅋ 오늘 끝나고 스타 한 판 콜?

그러고 보니 선생님이 입은 얼룩덜룩한 녹색 셔츠 무늬가 꼭 게임 맵 같았다. 나는 킥킥대다가 책상 아래로 휴대폰을 집어넣고 빠른 손놀림으로 답문자를 보냈다.

조아 조아! 1:1 배틀?

문자를 쓰고 확인 버튼을 누르는 찰나 선생님의 시선이 또다시 내게 향했다. 재빨리 휴대폰을 서랍 안에 넣고 펜을 들었다. 승재는 선생님의 시선도 잊은 채 열심히 문자를 보내고 있다.

📱 뭔 소리? 옆 반 애들의 무모한 도전을 잊었삼? 3:3 배틀

나는 눈길로 앞에 앉은 홍민이를 가리키며 답을 보냈다.

📱 홍민이는 오늘도 파업. 3:3 어떻게 만들어?

📱 저 녀석 스타 끊은 지 2개월 넘었남?

📱 응, 손가락에 곰팡이 안 피나 모르겠음

📱 흐흐, 죽으면 사리 나올 것임ㅋㅋ

나와 승재와 홍민이는 스타면 스타, 잠이면 잠, 죽이 척척 맞는 최고의 3인방이었다. 시험 전날까지도 신 나게 놀고 시험장으로 향하면서도 뭐가 좋은지 키득거리곤 해서 선생님들께 단체로 꿀밤을 맞기도 했다. 그래도 뭐든지 함께라는 게 좋았

다. 다들 공부를 못하니 불안한 것도 없었다.

그러던 어느 날부터 홍민이가 우리를 멀리하기 시작했다. 맨 뒤에 앉던 자리를 일주일마다 앞으로 한 칸씩 옮겼다. 우리는 멀어지는 홍민이의 뒤통수를 멍하니 바라볼 수밖에 없었다. 게다가 수업 시간에 우리를 엮어주던 휴대폰은 아예 가방에 넣고 가증스럽게도 선생님 말씀에 고개까지 끄덕이기 시작했다. 우리의 방과 후 코스인 게임방에도 서서히 발을 끊더니 더 이상 게임을 하지 않겠다고 선언했다.

"나… 스타 이제 안 해."

그 말을 남기고 홍민이는 사랑 고백을 거절당한 여학생처럼 얼굴이 빨개져서는 책가방 어깨끈을 양손으로 잡고 도망치듯 뛰어갔다. 나와 승재는 입을 딱 벌리고 그 모습을 바라보았다.

"우아, 홍민이 사춘기 왔나보다."

승재가 중얼거렸다. 나는 너무 놀라서 말도 나오지 않았다. 초등학교 때부터 가장 잘 안다고 생각했던 녀석이었다. 나는 내가 홍민이에 대해서 뭘 잘못 알고 있었나 곰곰이 되짚어보았다. 녀석은 스타를 좋아한다. 그것도 엄청나게. 그런 녀석이 스타를 끊다니! 뭔가 석연찮은 느낌이 들었다. 나는 그날 내내

우울했지만 크게 걱정하지는 않았다. 녀석은 분명 우리의 품
으로 돌아올 테니까.

그런데 시간이 갈수록 모든 게 예상과 반대로 흘러갔다. 그동
안 나는 홍민이와 승재 덕에 공부를 못해도 불안하지가 않았
다. 오히려 공부 잘하는 녀석들을 '샌님'이라고 놀려대고 툭툭
건드리기까지 했다. 그런데 이제 홍민이가 그 '샌님들의 세계'
로 건너가려고 하고 있다. 스타도 없고, 여자 친구도 없고, 도
수 높은 안경과 참고서만 가득한 그 지옥 같은 세계로 말이다.
얼마 안 가 승재도 의기소침해졌다. 어느 날 스타를 하던 승재
가 갑자기 혼잣말처럼 말했다.
"우리 정말 이러고 있어도 되는 거야?"
그 말을 듣자마자 나는 승재에게 한 입 준다고 내밀었던 컵라
면을 도로 빼앗았다.
"넌 먹지도 마, 인마."
승재는 컵라면 면발을 한꺼번에 나무젓가락에 감아 입 안에 밀
어 넣는 내 모습을 멀뚱멀뚱 바라보기만 했다.

지난 일을 떠올리니 문득 심술이 났다. 어떻게 하면 홍민이를 다시 게임방으로 꼬셔볼까 하는 생각만 들었다. 그때 번쩍이는 아이디어가 떠올랐다.

이따 수업 끝나면 홍민짱 가방 낚아채자

승재는 짐짓 놀란 표정을 지으며 나를 바라본 뒤 금방 답문을 보내 왔다.

머이?

나는 음흉한 미소를 지으며 승재에게 문자를 보냈다.

김홍민 유인 작전. 홍민이 가방 뺏어서 게임방으로 나르자

야~ 굉장히 유치하구나. 역시 넌 천재 ㅋㅋ

군인이신 우리 아버지가 그러셨다. 유치해도 좋다, 이기고 만 오라고

나는 제아무리 굳게 다짐한 홍민이라도 열기 넘치는 게임방에 들어서면 생각이 달라질 거라고 확신했다. 그 귀여운 저그 드론들의 꼬물거리는 엉덩이를 누구인들 거부할쏘냐.

문득 '이렇게까지 해서 홍민이를 되찾고 싶나?' 하는 생각도 들었지만 고개를 저어 그 생각을 떨쳐버렸다. 사나이 체면에 누굴 되찾고가 어딨어? 그저 심술을 부리고 싶은 것뿐이다.

* * *

"김홍민, 오늘도 야자 해?"

다짜고짜 가방부터 빼앗아서 튀기로 해놓고, 결국 승재가 우물쭈물하며 물었다. 그때 홍민이 얼굴이 환하게 밝아졌다.

"왜? 너네도 야자 하게? 와, 같이 하면 좋겠다!"

그 말에 나는 어리둥절한 표정으로 말했다.

"야자니 야자수니, 우린 그런 거 관심 없어."

내 삐딱한 말투에 홍민이는 금방 풀이 죽어버렸다.

'어휴, 저 소심한 녀석. 금방 기죽어서는.'

승재가 내 옆구리를 툭 치고는 다시 웃으며 말했다.

"홍민아, 오랜만에 게임방 가자. 옆 반 애들이 3:3 내기 하자고 몇 번이나 이야기했어. 야, 공부도 쉬면서 하는 거야. 진짜 천재랑 진짜 바람둥이는 공부도 사랑도 쉬어 가면서 한다잖아."

그러나 홍민이는 고개를 저었다.

"미안해. 나 대신 인호한테 말해봐. 인호도 스타 좋아하잖아."

이번에는 승재가 애교까지 부리며 홍민이를 졸랐다.

"야, 인호랑 하느니 차라리 2:3으로 붙겠다. 누가 네 불꽃 키보드를 당하냐."

홍민이는 조금도 머뭇거리지 않고 고개를 저었다.

"미안. 어려울 것 같아. 나 스타 안 하기로 했다고 지난번에 말했잖아."

그 말을 듣는 순간 갑자기 발바닥부터 머리끝까지 뭔가 뜨거운 것이 올라왔다. 나는 홍민이의 가방을 낚아채서 무작정 달리기 시작했다. 홍민이는 잠시 멍하게 서 있다가 곧 상황을 파악하고 우리 뒤를 필사적으로 쫓아왔다.

"야! 가방 줘! 달라고!"

나는 대로변을 달리면서 소리쳤다.

"스타 한 판 하자! 인마! 그럼 돌려줄게!"

문득 뒤를 바라보니 홍민이의 표정이 심하게 일그러져 있었다.

'뭐야, 저 녀석. 기분 나쁘다 이거야?'

절반은 장난이었지만, 반은 진심이기도 했다. 홍민이의 찡그린 표정을 보니 기분이 나빴다. 그런데도 승재는 여전히 장난이라고 생각했는지 계속 웃으며 달려오고 있었다.

'이 녀석, 고생 좀 해봐라.'

나는 더 힘차게 달리기 시작했다. 한동안 우리를 쫓아오던 홍민이는 숨이 차는지 멈춰 서서 우리를 향해 소리쳤다.

"야! 나 혼자 공부 열심히 하는 게 그렇게 억울하냐?!!"

이 말에 나와 승재가 거의 동시에 우뚝 멈춰 섰다. 얼굴이 새빨개진 홍민이가 우리를 노려보며 숨을 몰아쉬고 있었다. 나는 가방을 들고 성큼성큼 홍민이에게 다가갔다. 그리고 녀석의 눈을 똑바로 쳐다보면서 가방을 저만치에 툭 던졌다. 쨍그랑 하고 필통 부딪치는 소리가 났다. 승재는 놀란 토끼 눈이 되었다.

"김홍민, 너 말이면 단 줄 알아?"

홍민이는 여전히 나를 노려보고 있었다.

"너네가 이러는 건 아무렇지 않고? 너는 친구가 공부한다는데 이런 식으로 방해하냐?”

우리가 싸울 기세로 다가서자 승재가 우리 둘 사이를 막아섰다.

“홍민아, 지훈이는 그냥 장난친 거야. 그리고 지훈아, 홍민이도 홧김에 그런 거잖아.”

나는 팔을 잡는 승재의 손을 뿌리쳤다.

“이 자식, 요즘 너무하잖아. 뭐, 어릴 때 친구? 그런 거 다 필요 없어. 혼자 공부하겠다고 저렇게 애쓰는 거 보니 안쓰럽다, 안쓰러워. 나중에 길에서 만나면 아는 척도 하지 마라.”

홍민이는 그 말에 잠시 놀란 얼굴이었지만, 곧 차분하게 말했다.

“내가 같이 도서관 가자고 할 때는? 그때 너도 싫다고 하고 게임방 갔잖아. 그럼 너도 혼자만 놀겠다고 나 두고 간 거 아니야?”

넉살 좋은 승재가 나와 홍민이 사이를 가로막으며 헤헤 웃었다.

“아, 맞다! 나중에 우리도 너 따라서 도서관 갈게, 그럼 됐지? 그러니까 그만 싸우자.”

홍민이는 대답도 하지 않고 내가 팽개친 가방을 주워 먼지를 툭툭 털었다.

"됐어. 싸울 것도 없어. 그냥 갈 길이 다른 거니까."

그러고는 방향을 홱 돌려 다시 학교로 뛰어갔다. 그 모습을 보고 있자니 기분이 이상했다. 처음에는 화가 났는데, 갑자기 눈앞이 흐려졌다. 나도 모르게 눈물이 나왔다. "그래 혼자 잘해 봐라!" 하고 소리치고 싶었지만 입도 떨어지지 않았다. 승재가 내 표정을 보더니 내 어깨에 팔을 둘렀다.

"지훈아, 너무 신경 쓰지 마."

"됐어! 누가 신경 쓰기나 한대!"

나는 고개를 돌려버렸다. 저만치 벌써 석양이 지고 있었다. 그런데 자꾸만 홍민이의 마지막 말이 귓가에 맴돌았다.

'갈 길이 다른 거니까.'

* * *

다음 날 만난 홍민이는 멀쩡해 보였다. 교실에 들어와 우리를 보자마자 고개를 숙이고는 앞자리에 앉아서 열심히 수업만 들었다. 그 모습을 보니 마음이 복잡했다.

'어제 일은 생각도 안 하는구나, 저 녀석.'

나는 어젯밤에 제대로 잠을 이룰 수가 없었다. 자꾸만 홍민이의 고함 소리가 귀에 맴돌았다. 가장 먼저 든 건 배신감이었다. 하지만 마음이 가라앉으면서 나는 인정하기 싫은 한 가지 사실을 인정해야 했다. 그것은 내가 홍민이에게 부러움과 질투를 느낀다는 것이었다.

지난번 수학 시험에서 홍민이는 성적이 부쩍 올랐다. 그 성적표를 처음 봤을 때 승재와 나는 깜짝 놀랐다. 우리 시험지는 엑스 표가 가득한 붉은 꽃밭인데 홍민이는 무려 20점이나 올라 있었다.

"어, 김홍민 뭐야! 너 약 먹었어?"

내가 놀라서 묻자 홍민이는 싱긋 웃기만 했다. 그러고는 이렇게 말했다.

"앞자리에서 수업 듣고 자율 학습 같이 하면 돼. 그럼 너랑 승재도 좋은 점수 받게 될 거야."

그 말에 나는 왠지 기분이 나빠져서 코웃음을 쳤지만 꼭 그런 것만도 아니었다. 나도 때로는 홍민이를 보면서 앞자리에서 수업을 들으면 어떨까, 자율학습을 하면 어떨까 상상한 적이 있었다.

하지만 그러기에는 몸이 영 따라주지를 않았다. 앞자리에서 선생님의 시선을 정면으로 받기도 두려웠고, 마음대로 졸고 문자도 보낼 수 있는 뒷자리의 특권을 포기하고 싶지가 않았다. 물론 자율학습도 나랑은 잘 어울리지 않는 것 같았다.

게다가 3개월 전만 해도 우리랑 비슷한 성적이었던 홍민이가 지금은 선생님께 질문도 하고 쉬는 시간에도 자리를 떠나지 않는 모습을 보니 이상한 질투심도 생겨났다. 돌이켜 보면 어제 일도 시샘과 불안감 때문인 게 분명했다. 홍민이가 변하는 걸 보면서 나와 승재만 뒤처지는 기분이 들었던 거다.

승재를 보니 복도 옆자리에서 꾸벅꾸벅 졸고 있었다. 평소에는 그렇게 느긋하던 녀석인데도 어제는 잠을 잘 못 잔 것 같다. 선생님은 칠판 위에 판서를 하시며 무언가 열심히 설명하고 계셨지만 내 머릿속은 텅 비어 있었다. 쉬는 시간이 되어도 멍하니 앞만 바라보았다. 그때 누군가 다가와 내 책상 위에 쪽지 하나를 놓고 갔다. '뭐지?' 싶어 열어보니 익숙한 필체가 보였다. 홍민이였다.

✉ 지훈아, 어제 일은 정말 미안해. 나도 모르게 그랬어. 어제 병훈이 형한테 너네 이야기를 했어. 그리고 많이 혼났다. 헤헤. 지훈아, 너랑 승재는 여전히 내 가장 좋은 친구들이야. 그거 알지?

순간 가슴이 뭉클했다. 나는 이런 마음을 들키지 않으려고 쪽지를 후닥닥 필통 안으로 넣어버렸다. 그러고는 아무 일 없었다는 듯 턱을 괴고 고개를 돌렸다. 수업 중에 가끔씩 홍민이가 뒤를 돌아보는 게 느껴졌지만 눈을 마주치지는 않았다. 쉬는 시간을 알리는 종이 울릴 때가 되어서야 나는 승재에게 문자를 보냈다.

📱 홍민이 자식이 미안하댜… 헐

승재는 문자왕답게 곧바로 답을 보내 왔다.

📱 우리 귀염둥 어제 일로 속 좀 끓였을 것임 ㅋㅋ

승재의 문자를 보다가 문득 궁금해졌다.

📱 근데 병훈 형이 누구얌?

📱 홍민이 사촌 형 기억 안 나남? 너가 스타워즈에 나오는 원시
부족 제다이 같다고 했던 그 형

📱 아! 그 더벅머리 형? 투시 안경 쓴? ㅋㅋ

아! 이제야 기억이 났다. 홍민이네 사촌 형들 중에서 유일하게
서울대에 들어가고 유학까지 다녀와서 모든 집안 어른들의 사
랑을 독차지한다는 그 형이었다.

3년 전 우리가 아직 초등학생이었을 때였다. 형이 유학 가기
전에 홍민이를 찾아와서 나와 승재에게 피자를 사준 적이 있었
다. 아주 더운 여름이었는데 형은 반쯤 기른 더벅머리에 엄청
두꺼운 안경을 쓰고 나타났다. 키는 크고 마른 몸이었다. 안경
속의 작은 눈이 우리를 바라보는데 역시 공부 잘하는 사람은
뭐가 달라도 달랐다. 형은 우리에게 다짜고짜 이렇게 물었다.
"너네, 공부 못하지?"

우리 셋은 화들짝 놀랐다.

"어! 어떻게 아셨어요?"

"형은 다 안다. 그리고….."

형이 잠시 뜸을 들이더니 물었다.

"너희 게임 좋아하지?"

"워어! 천재다!"

우리 눈이 휘둥그레졌다. 형이 그런 우리를 보고는 싱긋 입 꼬리를 올리며 웃었다. 날카로운 눈이 안경 너머로 번쩍 빛나는 걸 보니 뭔가 대단한 사람 같았다. 나는 그날 돌아오는 길에 홍민이와 승재에게 "와, 저 형 뭔가 다크포스가 있다. 더벅머리 빼고." 하고 말했다. 한동안 우리는 형 이야기가 나오면 '제다이'라고 불렀다.

그때 갑자기 문자가 왔다. 승재도 휴대폰이 울렸는지 거의 동시에 나를 바라보았다. 홍민이였다! 승재도 나도 깜짝 놀랐다.

📱 라면 먹자. 내가 쏠게.

나는 슬며시 웃었다. 사각형의 교실 안에서 승재와 나, 홍민

이의 시선이 은밀하게 마주쳤다. 우리 중간에 앉아 있던 승재
는 너무 좋았는지 앞뒤를 번갈아 돌아보다가 선생님께 딱 걸
렸다. 그래도 승재는 웃고 있었다. 녀석은 어째도 상관없는 거
다. 홍민이가 3개월 만에 라면을 쏜다는데.

* * *

우리는 식판에 치즈라면을 하나씩 올려놓고, 붐비는 매점에
서 간신히 자리를 잡고 앉았다. 처음에는 조금 어색했다. 아
직도 풀리지 않은 뭔가가 남아 있는 기분이었다. 그때 승재가
물었다.
"참, 홍민아, 제다이 형 돌아온 거야?"
"응! 거기서 공부 되게 열심히 하고 돌아왔어. 아, 이제는 내 과
외 선생님이시고, 흠흠."
홍민이가 자랑스럽게 말하며 웃었다. 나는 라면을 뒤적거리다
가 모른 척 물었다.
"그럼 너 요즘 형이랑 공부하는 거야?"
홍민이는 잠시 우물거리더니 말했다.

“응…. 딱히 수업을 받는 건 아니고, 그냥 얘기만 많이 해.”

“무슨 얘기?”

승재가 궁금했는지 눈을 동그랗게 떴다.

“그냥 이것저것 다…. 어제는 너네랑 싸운 얘기도 했어.”

홍민이가 쑥스러운 듯 웃더니 말을 이었다.

“그랬더니?”

이번에는 내가 모른 척 물었다.

“혼났지 뭐. 같이 공부를 해도 앞으로 갈 길이 먼데 굴러들어
온 호박을 찬다고 했어. 수험생한테는 친구가 넝쿨째 들어온
호박이래.”

“역시 형이다. 흐흐”.

그 말을 듣고 승재가 웃었다. 내 얼굴도 어느새 펴져 있었다.
그때 홍민이가 머리를 긁적이며 말했다.

“애들아…. 나는 너희들도 공부 열심히 했으면 좋겠어.”

그 말에 승재가 이미 먹어치운 자기 그릇에 나와 홍민이의 라
면을 한 젓가락씩 가져가며 말했다.

“우리도 그러고 싶지! 그런데 우등생 되기가 쉽냐. 우리도 해
보려고 했다, 뭐.”

그러고 보면 3개월 전쯤, 나와 승재도 홍민이 말을 듣고 셋이서 나란히 교실 중간 정도 자리에 앉은 적이 있었다. 그런데 선생님의 눈길이 부담스러운 데다 쏟아지는 졸음을 참고 딴짓도 못 하는 것이 힘들기만 했다. 결국 우리는 다시 자리를 뒤로 옮기고 말았다. 가방을 싸서 뒤로 가는 우리에게 홍민이가 말했다.

"일주일만 참아봐. 그러면 금방 괜찮아져."

그때 내가 인상을 찌푸리며 했던 말이 기억났다. "난 그냥 하던 대로 할 거야. 너나 열심히 해"였다.

＊　＊　＊

생각해보면 모든 것이 홍민이 잘못만도 아니었다. 나는 홍민이의 얼굴을 잠깐 쳐다보고는 다시 묵묵히 라면을 먹었다. 그때 홍민이가 조심스럽게 말했다.

"지훈아, 승재야, 너희들도 병훈이 형 한번 만나보지 않을래?"

나와 승재는 잠시 젓가락질을 멈추고 홍민이를 바라보았다. 그때 내가 먼저 물었다.

"우리도 과외하라고?"

"그런 게 아니라, 어제 형한테 너희들 이야기 했더니 한번 만나보고 싶댔어."

사실 나도 홍민이처럼 여러모로 도와주는 형이 있으면 좋겠다고 생각은 했다. 하지만 막상 형을 만난다고 생각하니 걱정부터 앞섰다.

'갑자기 과외 하라고 그러면 어쩌지, 음….'

그러자 홍민이가 활짝 웃으며 말했다.

"아, 형은 그냥 우리한테 맛있는 거 사주고 싶어서 그러는 거야."

"우아! 그래? 그럼 꼭 갈게. 언제 만나는데?"

승재는 맛있는 거 사준다는 말에 금방 넘어가버렸다. 하지만 나는 형이 내 성적이나 수업 태도 이야기를 듣고 실망할까봐 선뜻 대답하기가 어려웠다. 그때 승재가 나를 바라보며 말했다.

"지훈아, 가자, 응? 맛있는 것도 먹고 홍민이처럼 공부하는 법도 배우면 좋잖아, 응?"

나는 확실하게 대답하지 못하고 얼버무리기만 했다. 그러다가 내심 관심 없는 척 말했다.

"설마 형 한 번 만난다고 우리가 바뀌겠어?"

그때 홍민이가 탁자 위에 있던 내 손을 덥석 잡았다.

"여기 산증인이 있잖아, 바로 나."

진지한 홍민이의 얼굴을 보는 순간, 뭔가 가슴을 쿵 하고 때리는 기분이었다. 나는 재빨리 남은 라면으로 젓가락을 가져갔지만 '뭔가 해답을 찾을 수 있으려나?' 하는 생각이 들었다. 나는 용기를 내서 물었다.

"혹시 형이 우릴 만나서 실망하거나 하진 않겠지?"

홍민이는 두 손을 내저으며 하하 웃었다.

"걱정 마. 형 제자가 나잖아. 그럼 어떻겠어? 기대치가 없지."

홍민이의 웃는 얼굴에 긴장이 풀린 나는 그러겠다고 해버렸다.

"좋아. 그러면, 형한테도 말해놓을게. 이번 주 일요일에 보자, 괜찮지?"

"야, 형 보는 게 몇 년 만이냐. 제다이 형 안경 도수 더 높아진 거 아니야?"

승재는 내 걱정은 아랑곳없이 마냥 신 난 얼굴이었다.

1장
작은 목표를 이루는 습관
펭귄, 하늘을 달리다

형을 만나기 전날 밤이었다. 쉽게 잠이 오지 않았다.

'왜 우리를 보자고 했지? 홍민이 녀석 하나만 가르쳐도 벅찰 텐데.'

하지만 지난 3개월 동안 게임도 끊고 앞자리 앉기 선수가 된 홍민이를 생각하니 호기심이 일었다. 대체 무엇이 홍민이를 그렇게 변하게 한 건지 신기하기만 했다. 나는 자리에 누웠다 말고 벌떡 일어나 물을 마시러 밖으로 나갔다. 아빠가 소파 위에 길에 누워서 축구 경기를 보고 계셨다.

"어, 지훈이 나왔냐?"

나는 "네" 하고는 물만 따라서 다시 방으로 갔다. 그때 아빠가 흘긋 나를 보며 물으셨다.

"무슨 걱정 있어?"

나는 "아니요, 그런 거 없어요"라고 짧게 대답하고는 방으로 들어와 문을 닫았다. 중계방송 소리가 희미하게 방 안으로 흘러들어왔다. 나는 물을 마시고 자리에 누웠지만 여전히 잠이 오지 않았다.

승재와 홍민이가 없었다면 내 학교생활은 엄청 외로웠을 거다. 나는 이상하게 어릴 때부터 아이들과 다툼이 많았다. 무언가가 늘 마음에 들지 않았고 온종일 교실에 갇혀 공부하는 게 적성에 맞지 않는다고 생각했다. 그러니 학교생활이 재미있을 리 없었다. 그런 내게 다가와준 아이들이 바로 승재와 홍민이였다. 아무리 고마워해도 부족할 정도다. 그런데도 갑자기 변한 홍민이를 생각하면 무언가 속이 상하고 화가 났다.
'그깟 공부 잘하면 어떻고 못하면 어때서.'
나는 이불을 뒤집어썼다. 그러다가 다시 이불을 걷고 벌떡 일어났다. 뭔가 답답했다. 나는 잠시 망설이다가 빼꼼 방문을 열고 아빠를 바라보았다. 나를 보자 아빠가 소파에서 몸을 일으켰다.
"어, 지훈이 또 나왔어? 축구 같이 볼래?"

나는 방문 사이로 고개만 내민 채 말했다.

"아빠."

"응?"

"아빠는 학교 다닐 때 공부 잘했어?"

아빠는 "당연하지! 엄청 잘했지!" 하며 허허 웃었다. 그 말에 괜히 심술이 났다.

"그럼 성격도 좋았어?"

"당연하지. 친구도 많고 공부도 잘했지."

아빠가 눈가의 주름을 접으면서 웃었다.

"그런데 난 왜 아빠 아들인데 성격도 나쁘고 공부도 못해?"

내가 부루퉁하게 묻자 아빠는 "네 엄마 닮아서 그런가?" 하고는 다시 허허 웃었다. 나는 코를 찡그리고는 다시 문을 닫아 버렸다. 역시 아빠는 전혀 도움이 안 됐다. 무슨 이유인지 요즘 들어서는 바쁘기만 하고, 나를 봐도 예전처럼 관심을 쏟지 않는 것 같았다.

어릴 때 나는 늘 아빠가 존경스럽고 좋았다. 제복 차림으로 부대로 복귀하실 때면 나를 번쩍 안아 올려서 얼굴에 수염을 문

지르곤 하셨다. 아빠 수염에 볼이 빨갛게 되었지만 그것마저도 좋았다. 그런 아빠가 언제부터인가 어렵게 느껴지기 시작했다. 언제부터였을까?

나는 잠시 고민하다가 '에휴, 모르겠다' 고개를 젓고는 자리에 누웠다. 내일이면 형을 만나는 날이다. 닥치는 대로 하다 보면 뭔가 답을 얻겠지. 모든 게 귀찮아졌다.

'에이, 복잡한 생각 그만하고 잠이나 자자.'

너는 어떤 아이니?

"다들 모였어? 좋아, 메뉴는 너희가 골라라. 나는 먹는 거 고르는 데 영 솜씨가 없어서."

형은 3년 전이나 지금이나 달라진 게 하나도 없었다. 여전히 뱅글뱅글 도는 안경 너머로 반짝이는 작은 눈으로 우리를 바라보았다. 나는 한참이나 가만히 형을 쳐다보았다. 심리학이라고 하면 사람 마음을 공부하는 거니까 점쟁이랑 비슷할 것도 같았다.

'형도 내 답답한 마음을 눈치챈 걸까.'

그런 생각이 들자 기대도 되고 뭔가 두렵기도 했다. 내가 한참을 빤히 바라보자 형이 갑자기 내게로 홱 하고 고개를 돌렸다. 형과 눈이 마주치자 나는 놀라서 얼른 고개를 숙여버렸다. 또 무슨 질문을 던질까 겁이 났다.

"어허, 날씨 좋다. 봄이 벌써 다 지나가네."

형은 프랑스에 가서 할아버지 선생님 밑에서 공부한 게 틀림없었다. 전에는 뭔가 다크포스가 있었는데 지금은 영감처럼 느릿느릿했다. 뭔가 중대한 심경의 변화가 있었던 건지도 모른다.

승재는 메뉴판 앞에서 넋을 잃었고, 홍민이도 뭐가 신 나는지 연신 웃고 있었다. 나는 그저 햇살 넘치는 창밖만 바라보았다. 그때 뭔가 불쑥 내 앞으로 다가왔다.

"하나 맞춰볼까?"

나는 시큰둥한 척 형을 바라보았다. 형이 싱긋 웃고는 말했다.

"너, 고민 있지?"

나는 픽 웃어넘겼다.

"뭐예요, 형. 제가 아직도 초등학생으로 보이세요? 그런 거 없어요.”

나는 재빨리 대답하고는 고개를 돌렸지만 뭔가 가슴이 철렁 하는 기분이었다. 곧이어 음식이 나왔고 승재가 제일 먼저 달려들었다. 홍민이는 속사포처럼 이야기를 시작했다. 그 무렵 하는 드라마 이야기부터 아이돌 여가수들, 새로 읽은 만화 이야기, 온갖 것들이 쏟아져 나왔다.

신기했다. 홍민이가 이야기하는 것 자체를 즐거워하고 있다는 느낌이 들었다. 언제나 조용하고 소심해 보이던 평소 모습과는 많이 달랐다. 형은 그저 고개를 끄덕이거나 질문을 던질 뿐 별다른 이야기는 하지 않았다. 그때였다. 후식으로 나온 아이스크림을 먹던 승재가 형에게 물었다.

“참, 형이 거의 신화였다고 홍민이가 그러던데요? 갑자기 성적이 200등 이상 뛰었다는 거 정말이에요?”

“음… 그랬지.”

다음 말을 기다렸지만 그걸로 끝이었다. 우리 셋은 좀 어리둥절했다. 승재가 다시 물었다.

“어떻게요?”

형은 바로 대답해주지 않고 천천히 음식을 먹으면서 이야기를 시작했다.

"3개월 전에 이런 일이 있었지. 홍민이, 요 녀석을 만났을 때 말이야…."

우리는 형의 다음 말을 기다렸다.

"중학교 3학년이면 얼마나 꿈이 많을 때냐? 나는 못할 게 없다고 느끼는 게 정상이라고 생각했어. 그런데 홍민이가 나를 보자마자 이러더라고."

형이 씨익 웃으며 홍민이를 바라보았다. 홍민이가 쑥스러운 듯 머리를 긁적였다.

"공부는 하고 싶은데 몸이 따라주지 않는다. 답답하지만 뭘 어떻게 해야 할지 모르겠다. 내가 변하려면 아마도 기적이 일어나야 할 거다."

그 말에 홍민이가 웃었다.

"음…. 형 그거는요, 정말로 솔직한 심정이었어요. 형을 봐서 얼마나 반갑고 가슴이 두근거렸는데요. 하지만 그때 저는 기적밖에 기대할 수 없었어요. 공부하기는 정말 싫고, 책을 펴고 10분만 지나면 잠만 오고, 내가 이 어려운 과정을 이겨낼 거라고도 생각하지 않았어요."

그때 승재가 거들었다.

"사실 저는 홍민이 말이 이해가 가요. 저도 여러 형이나 누나들한테 과외도 받았는데 하나도 달라진 게 없었거든요."

그 말에 병훈 형이 다시 나를 보며 물었다.

"지훈이는 어떤데?"

나는 머뭇머뭇하다가 한마디 거들었다.

"저도 오늘은 공부 좀 하자고 결심은 하죠. 그런데 잘 안 돼요. 이유는 모르겠어요."

나는 그만 입을 다물고 아이스크림만 먹었다. 병훈 형이 고개를 끄덕였다.

"그렇지. 지금의 생활과 무기력함에서 벗어나려면 그에 필요한 조건이 성립되어야 하는 거야. 그렇다면 어떤 조건이 가장 먼저 필요할까?"

'조건'이라는 말에 우리는 모두 고개를 갸우뚱했다. 형은 두 번째 손가락을 세우고 말했다.

"첫째는 노력이다. 안 그런가, 김홍민?"

형이 홍민이를 보고 눈을 찡긋하며 웃었다.

"홍민 군 경우는 게임 끊느라 고생 좀 하셨지?"

홍민이가 고개를 끄덕였다.

"와, 진짜 힘들었어요. 참새가 방앗간을 어떻게 지나쳐요."

그 말에 형이 대견하다는 듯 홍민이의 머리를 쓸어주었다. 그러고는 다시 말을 이었다.

"둘째, 그런데 노력보다 중요한 또 한 가지가 있다. 그게 뭔지 알아?"

"노력보다 중요한 거면 대체 얼마나 무서운 건가요? 히히."

이번에는 승재가 이를 드러내며 히죽 웃었다. 그러자 우리를 물끄러미 바라보던 형이 입을 열었다.

"그건 내가 생각하는 나 자신의 모습을 바꾸는 거다. 바보 같고 무기력한 자신과 이별하는 일이지. 그러기 위해서는 가장 먼저 '나는 누구인가?'라는 질문에 답할 줄 알아야 해."

이번에는 홍민이도 고개를 갸우뚱했다.

"음… 나는 그냥 나잖아요. 그거 말고 다른 답이 또 있어요?"

승재도 맞장구를 쳤다.

"맞아요. 그거랑 공부 잘하는 사람으로 변신하는 거랑 무슨 상관이 있어요?"

형은 '음' 하고 잠시 고민하더니 "좋다" 하고 외치면서 옆 의자에 있던 가죽 가방을 열었다. 그러고는 가방 안에서 A4 종이를 꺼내 3등분한 다음 우리에게 나누어주었다.

"좋아, 천천히 한번 정리해보자. 정말로 그 질문에 대한 답이 '난 나다'밖에 없을까? 지금부터 이 종이에 자기와 관련된 말들, 단어들을 생각나는 대로 다 적어봐. 이를테면 다른 사람들이 너희를 생각하면 떠올리는 말이나 스스로 생각하는 것들 모두."

"네?"

"그동안 너희들이 스스로에 대해 가지고 있던 생각, 주변에서 들어왔던 말들 있잖아. 생각나는 걸 아무거나 적으면서 문제의 실마리를 찾아가는 거야. 이런 걸 브레인스토밍이라고 해. 폭풍 치는 뇌…. 멋지지 않냐? 자, 먹는 건 잠시 쉬고 폭풍처럼 적어들 봐."

가장 먼저 쓰기 시작한 건 홍민이였다. 나는 마지못해 종이를 앞에 놓고 펜을 들었지만 아무런 생각도 떠오르지 않았다. 하지만 이왕 시작한 거 형이 시키는 대로 해보기로 했다.

'나와 관련된 말들이 뭐가 있겠어? 뻔하지.'

부정적인 나와 결별하기

그렇게 몇 분이 흘렀을까. 옆에 앉은 승재의 종이를 힐끗거리다가 언뜻 한 문장을 보았다.

'공부 못하면 공고 가서 기술이나 배워라.'

그 문장을 보자 '풋' 하고 웃음이 났다. 승재가 성적표를 가지고 간 날이면 엄마한테 듣는 말이라고 했다. 그런 날 아침이면 승재는 우울한 얼굴로 오전 수업을 듣곤 했다. 그러다가도 매점에만 가면 언제 그랬냐는 듯이 세상에서 제일 행복한 아이가 되어버리는 녀석이었다.

그 생각을 하니 다시 나도 모르게 웃음이 나왔지만 마냥 웃고만 있을 수는 없었다. 제다이 형은 우리가 종이 위에 열심히 적는 동안 영감처럼 반쯤 졸린 듯한 눈을 하고 손끝으로는 머리를 긁적이고 있었다. 아, 정말이지 내 스타일은 아니다.

승재가 적은 걸 보니 나도 겨우 쓰기 싫은 한 문장을 떠올릴 수 있었다.

'엄마 없는 아이라는 소리 듣고 싶어? 공부 더 열심히 해야지.'

이 말은 나와 가장 가까우면서도 뭔가 불편한 고민을 안겨주는 사람, 바로 고모의 말이었다. 우리 엄마는 내가 초등학교 3학년 때 돌아가셨다. 그 후로 고모가 찾아와 우리 집 살림을 도와주셨는데, 고모는 내 성적표를 발견할 때마다 속상해 하면서 이 말을 하셨다. 그럴 때면 나는 안절부절못했다. 엄마 없는 아이와 공부가 무슨 상관이냐고 화를 내고 싶었지만 그럴 수도 없었다.

'이지훈, 너는 정말 고집만 세고 꼴사나워.'
이건 초등학교 6학년 때 여자 짝꿍이 했던 말이다. 과학 시간에 짝꿍과 조를 짜서 발표를 하는 날이었는데 어쩌다가 싸움이 벌어졌다. 그때 너무 화가 나서 옆에 있던 비커를 짝꿍에게 던지는 바람에 선생님께 진짜로 혼쭐이 났다. 그날 복도에서 벌을 서면서 나는 몇 번이나 울음을 삼켰다.
'그렇게 해서 수도권 대학이나 갈 수 있겠니?'
이건 중학교 1학년 담임선생님 말이었다. 나는 최선을 다했는데 역시나 성적이 하나도 안 올라 있었다. 누구에게서든 위로를 받고 싶었던 차에 그런 말을 들으니 속이 너무 상해서 점심 시간에 도시락도 제대로 못 먹었다.

이상한 일이었다. 하나씩 적다 보니 그 말을 들었을 때의 감정과 기분이 생생히 떠올랐다. 나도 모르게 화가 뻗치면서 눈물이 다 났다. 갑자기 내 얼굴이 빨개지는 걸 본 승재가 깜짝 놀라서 나를 바라보았다. 나는 '쉿!' 하고는 재빨리 고개를 숙였다. 둔한 승재가 눈치도 없이 뭐라고 말하려는 순간, 나는 승재의 허벅지를 힘껏 꼬집었다.

"아얏!!"

승재가 펄쩍 뛰어올랐고, 그 틈에 나는 재빨리 나도 모르게 삐져나온 눈물을 소매로 훔쳤다.

"승재야, 괜찮아?"

홍민이가 놀라서 물었다. 승재는 그제야 내 상태를 눈치채고는 웃으며 손을 내저었다.

"아냐, 아냐, 괜찮아. 하던 거 해."

그때 병훈 형이 끄응 하고 몸을 일으켜 긴 하품을 하면서 우리를 바라보았다. 그러고는 우리가 쓴 종이들을 슬쩍 살피며 말했다.

"다들 썼어?"

우리 셋은 모두 쭈뼛거리며 종이를 손으로 가렸다. 보나마나 누군가에게 들키기 싫은 글귀들이 가득할 게 분명했다. 형이 홍민이의 종이를 빼앗아 읽는 시늉을 하자 홍민이는 펄쩍 뛰면서 종이를 빼앗기지 않으려고 기를 썼다. 그러자 형이 웃으며 말했다.

"좋아, 이건 안 읽을게. 대신 한 가지 물어보고 싶은 게 있어."

그 말에 우리는 안심하면서 종이를 팔로 가리며 앞쪽으로 끌어다 놓았다. 형은 우리 얼굴을 번갈아 보면서 물었다.

"우리가 하루를 보내면서 가장 많은 대화를 나누는 사람이 누굴까?"

승재가 먼저 큰 소리로 대답했다.

"선생님!"

형은 "과연 그럴까?"라고 묻고는 침묵을 지켰다. 이번에는 홍민이가 말했다.

"엄마?"

이번에는 내가 말했다.

"음… 친구?"

형은 의자에 바로 앉아서 우리 세 사람을 번갈아 보며 말했다.

"모두 틀린 말은 아니지만 정답은 따로 있어."

형이 손가락으로 우리를 하나하나 가리켰다.

"너희가 가장 많은 이야기를 나누는 상대는 바로 너희 자신이야."

그 말을 들은 홍민이가 고개를 갸우뚱했다.

"전 혼자 있을 때 계속 입 다물고 있는데요? 혼잣말하면 바보 같잖아요."

형이 홍민이를 바라보며 말했다.

"방금도 너는 너 자신과 대화를 했어. '혼잣말을 하면 바보 같다'는 말을 너 스스로에게 한 거잖아. 자, 생각해봐. 직접 말하지는 않아도 우리는 혼자 생각하며 나 자신에게 말을 걸지. '이제 공부 좀 잘해 보자!' 해놓고도 '지금부터 해봤자 얼마나 잘할 수 있을까? 해서 안 되면 어쩌지?' 이런 식의 말들을 스스로에게 끊임없이 던지고 있는 거야."

형의 말을 듣고 보니 정말 그런 것 같았다.

"인간에게는 머리라는 게 있다."

형이 자기 머리를 손가락으로 가리키며 말을 이었다.

"이 머리라는 것은 아주 신통방통한 거라서 스스로 자신에 대한 이미지를 만들어내지. 대부분의 사람들은 그것에서 벗어나기 힘들어. 예를 들면 너희들이 방금 종이에 썼던 것만 봐도 알 수 있어. 어떤 사람은 '나는 잘될 거야', '나는 할 수 있어', '나는 무엇이든지 잘해'라는 자아상을 갖고 있는 반면, 어떤 사람은 '내가 무엇을 할 수 있겠어?', '나는 잘하는 게 없어' 하고 생각하지. 그렇다면 같은 능력을 가진 사람이 똑같은 일을 할 때 어느 쪽이 유리할까?"

"첫 번째 사람이요."

승재의 대답에 형이 고개를 끄덕였다.

"좋아, 그러면 지금까지 너희는 어느 쪽이었지?"

형의 질문에 우리는 모두 꿀 먹은 벙어리가 되었다. 말할 것도 없었다. 우리는 무엇을 하든 우리가 최선을 다하기는 어렵다고 생각했다. 열심히 해봐야 잘 안 될 것만 같았다. 스스로 감옥을 만들어 가두어버린 두 번째 경우였던 셈이다. 순간 형이 불쑥 손을 내밀어 우리 머리를 한 번씩 쓸어주었다.

"이건 사실상 너희만의 잘못은 아니야. 이런 자아상은 의식하지 못하는 상황에서 부모님, 선생님, 학교에서 받은 성적, 친구들로부터 들은 이야기를 통해 천천히 형성되는 거니까. 즉 부정적인 이야기를 더 많이 들었다면 스스로의 자아상도 부정적이 될 확률이 높은 거지. 또한 그 반대의 경우도 있고."

형이 잠시 쉰 다음 말을 이었다.

"사실 우리는 어려서부터 우리를 키운 부모님, 학교 선생님의 평가가 자신의 전부라고 생각하기 쉬워. 하지만 우리가 지닌 기본적인 능력들은 그다지 큰 차이가 없지. 우리는 모두 눈 두 개, 코 하나인 사람이잖아? 중요한 건 '누가 먼저 자기 잠재력을 깨닫고 그걸 잘 꺼내서 발휘하는가' 하는 거야. 생각해봐. 에디슨이나 처칠 같은 위인들도 초등학교 때는 모두 저능아 취급을 받았잖아?"

승재가 히히 웃었다.

"맞아요. 에디슨은 달걀도 품었잖아요."

"맞아, 그거 보면서 나도 바보 같다고 생각했어."

홍민이가 말했다. 형도 고개를 끄덕였다.

"형 생각에 만일 주변에 '너는 저능아가 아니란다' 하고 말해주는 사람이 없었다면 두 사람은 계속 바보였을 것 같아. 하지만 에디슨과 처칠에게는 그가 얼마나 잠재력을 가지고 있는지 끊임없이 이야기해주는 사람이 있었어. 바로 그들의 어머니였지. 이 두 사람의 어머니는 학교 선생님이나 주변의 의견에 아랑곳없이 아들을 독자적인 방법으로 길러냈어. 하루에 몇 권씩 책을 읽게 하면서 깊은 사고력을 기를 수 있도록 도왔던 거지. 결국 두 사람은 어머니의 지지와 후원 아래 긍정적인 자아상을 만들어나갔고, 결국 자신들의 능력을 잘 발휘할 수 있었지."

함께하면 더 강해질 수 있어

형의 말을 듣던 승재가 이상하게도 고개를 푹 숙이고 풀이 죽어버렸다.

"저도 그런 엄마가 곁에 계셨으면 좋겠어요. 항상 나를 받아주고 인정해주는 사람이요. 많이 먹어도 뭐라고 안 하고, 성적이 좀 나빠도 안 미워하고…."

"이미 네 옆에 있는 것 같은데?"

"우리 엄마는 안 그러신데요."

그 말에 병훈 형이 승재의 가슴을 가리켰다.

"그 사람은 바로 여기에 있어. 네 가슴에."

그 말에 우리는 서로를 바라보았다.

"너 스스로를 100% 지지하고 격려할 수 있는 유일한 사람은 오직 너 자신뿐이야. '난 뭘 해도 안 돼'라는 생각이 떠오를 때, '아니야, 넌 할 수 있어' 하고 이야기하고, '난 도대체 왜 이럴까?'라고 말할 때, '괜찮아, 처음이라 그렇지, 뭐' 하고 지지해줄 수 있는 친구가 바로 너인 거다."

그 말에 승재와 나는 의아한 표정을 지었다.

"생각해봐. 사람은 슬플 때 위안을 받고 싶어 하지. 하지만 내 마음을 가장 잘 아는 사람은 누굴까? 바로 나 자신이야. 어느 누구도 내가 느끼는 것처럼 똑같이 내 마음을 느끼지는 못해. 그러니까 나를 가장 잘 알고 독려해줄 수 있는 가장 좋은 친구는 바로 자신인 거지. 나는 나 자신을 미워하면서도 가여워하고, 잘못했을 때 꾸짖으면서도 지지해주잖아? 안 그러니?"

그러고 보니 주변에서 나쁜 말을 들었을 때 스스로를 지탱해준 건 바로 나였다. 그때 형이 한마디 덧붙였다.

"하지만 혼자서만은 어렵다면 또 한 가지 방법이 있어. 성경을 보면 '한 사람이면 패하겠거니와 두 사람이면 능히 당하나니 삼겹줄은 쉽게 끊어지지 아니하느니라' 하는 말이 있어. 여기서 삽겹줄은 세 줄의 명주실을 뜻해. 명주실 한 가닥은 끊기 쉽지만, 이걸 두 겹으로 만들면 어려워지지. 그러다가 세 겹으로 하면 절대 끊어지지 않는 거야.”

우리는 형의 다음 말을 기다렸다.

“형은 너희가 그 세 겹의 명주실이 될 수 있다고 생각해. 서로 격려하면서 긍정적인 자아상을 형성하고 올바르게 성장할 수 있도록 돕는 거야. 먼 길도 동행이 있으면 걷기가 쉬워지거든.”

“그런데요, 형.”

순간, 나는 아까부터 묻고 싶었던 질문을 던지고 말았다.

“그런데 형은 왜 우리를 도와주려고 하는 거예요? 우리는 공부도 못하고, 형은 우리한테 돈도 안 받잖아요.”

형이 웃으며 고개를 끄덕였다.

“벌써부터 이렇게 역동적인 질문을 던지다니! 좋아! 답은 아주 쉬워. 잘 키워서 나중에 덕 보려고 그러지.”

우리는 웃음을 터뜨렸다. 형은 장난스럽게 이야기했지만 나는 사실 이 결정이 쉽지만은 않았으리라는 걸 알고 있었다. 고모가 세상에는 공짜가 없다고 누누이 말했으니까. 하지만 형의 얼굴을 보니 그런 게 아니라는 걸 분명히 알 수 있었다.

형은 곧바로 다시 이야기를 시작했다.

"내가 전교 200등에서 3등으로 뛰어오른 건 다른 게 아니야. 그건 나 자신에 대한 생각이 바뀌었기 때문이지. 스스로를 자신감도 근성도 부족하다고 생각했던 것에서 벗어나 내 안의 잠재력을 발휘하면 얼마든지 공부를 잘할 수 있는 사람이라고 여기기 시작한 거야. 그렇게 자아상이 바뀌니 모든 게 달라졌어. 이번 주에 너희들이 해야 할 숙제가 있다."

"엥, 숙제까지요?"

승재가 몸을 꼬면서 말했다. 형이 노트 세 권을 꺼냈다.

"숙제를 해야 공부도 몸에 남는 거야."

말을 마친 형이 그 노트를 우리에게 나누어주었다.

"자, 앞으로 형을 만날 때마다 이 노트를 잊지 말고 갖고 오도록. 이건 너희들의 희망을 키우는 희망 노트다."

"아, 촌스러워."

홍민이가 킥킥대며 말했다.

"요즘은 복고가 유행이지."

형이 싱긋 웃더니 다시 말했다.

"자, 먼저 매일매일 자기 전에 적어야 할 것들 세 가지다."

1. 오늘 하루 감사했던 것 세 가지

2. 스스로가 잘했다고 생각하는 점 세 가지

3. 스스로에게 하는 칭찬의 말

"네? 이런 걸 어떻게 적어요? 낯간지럽게."

"아, 그러면 수학 문제 풀기랑 영어 단어 100개씩 외우자."

승재가 황급히 손을 저으며 말했다.

"아, 아녜요. 그냥 지금 거 할게요, 하하."

* * *

집으로 돌아오는 지하철 안에서 문득 생각에 빠졌다. 나는 그 동안 아무도 나를 도울 수 없을 거라고 생각했다. 하지만 형이 말한 대로 나는 언제나 나 자신과 함께였다. 작은 칭찬이라도 내가 나 스스로에게 해주면 되는 건데, 나는 고모나 아빠에게서 항상 그런 걸 기대했던 것 같았다. 고모의 잔소리나 아빠의 침묵에 더 주눅이 들고 힘들었던 것도 그래서가 아니었을까? 이제부터라도 내가 나의 가장 좋은 친구가 되어준다면 아마 많은 것들이 달라질 수 있을 것 같았다. 나는 형이 준 노트를 다시 한 번 펼쳤다. 조금 생각해보다가 서둘러 가방에서 펜을 꺼내 들고 오늘의 숙제를 해나갔다. 지하철이 덜컹거리는 바람에 글씨가 삐뚤했지만 상관없었다. 이건 오직 나만을 위한, 나만의 희망 노트니까.

1. 오늘 하루 감사했던 것

　－ 형을 만난 것

　－ 좋은 이야기를 들을 수 있었던 것

　－ 나 자신이 좋은 친구가 될 수 있다는 걸 안 것

2. 잘했다고 생각하는 것

　－ 이 숙제를 하고 있는 것

　－ 내가 어떤 아이인지 생각해볼 수 있었던 것

　－ 작지만 아무튼 용기를 가지게 된 것

3. 나에게 하는 칭찬

　－ 음… 아직은 모르겠지만, 한번 잘 해보자.

+ 인생의 큰 그림을 그리는 습관 +

펭귄, 하늘을 달리다

"홍민아, 너도 문자 왔어?"

나는 쉬는 시간이 되자마자 홍민이에게 물었다. 3교시가 끝날 무렵 난데없이 형에게서 문자가 왔기 때문이다.

내일 아침 9시에 청량리역에서 보자. 늦으면 버리고 감. 거짓말 아님ㅋㅋ

"응? 무슨 문자? 수업 시간에 휴대폰 꺼놓고 있어서."

역시 홍민이 녀석이 변하긴 변했다는 생각이 들었다. 휴대폰을 손에서 놓으면 안절부절못하던 홍민이가 이제는 너무 느긋해졌다.

"병훈이 형이 내일 청량리역에서 만나자고 했어. 아침 9시에."

그때 칠판 당번이었던 승재가 칠판을 지우자마자 우당탕 달려왔다.

"형한테 메시지 왔어! 내일 보재!"

홍민이가 고개를 갸우뚱하더니 휴대폰을 켰다. 역시 띠링 소리가 나면서 형의 문자가 나왔다.

"어, 정말이네? 청량리역이면 기차 타고 어디 가는 건가?"

"우아, 그럼 이번엔 여행 가서 맛있는 거 먹는 거야?"

승재가 덩실덩실 춤을 추며 말했다.

"설마 멀리 데리고 가서 새우잡이 배에 팔려나?"

내가 피식 웃으면서 한 말에 승재의 얼굴이 파래졌다.

"서… 설마."

"바보야, 새우잡이로 파는 게 아니라 새우를 사주겠지."

홍민이의 말에 승재의 얼굴이 다시 밝아졌다.

* * *

"어이! 다들 왔어?"

역 앞에는 형이 먼저 나와서 기다리고 있었다. 양손에는 음료수와 간식이 들려 있었다. 승재가 달려가서 형의 비닐봉지를 받았다.

"형, 이게 다 뭐예요? 우리 멀리 가는 거예요?"

"아직은 알려줄 수 없지."

"참, 있잖아요, 형. 혹시 새우… 그러니까…."

승재가 빤히 형을 바라보며 물었다.

"새우 뭐?"

순간 내가 승재의 입을 막으며 말했다.

"아하하, 새우깡도 사오셨는지 궁금해서 그럴 거예요. 승재가 새우깡을 워낙 좋아해서."

"승재가 그런 고전적인 과자를 좋아할 줄 몰랐네. 이따가 매점에서 사자. 아무튼 오늘은 한 시간 정도 기차 타고 가서 버스를 한 번 더 탈 거야."

곧이어 형이 무인 발권기에서 표를 4장 뽑아서 우리에게 나누어주었다.

청량리(9시 30분) → 청평(10시 36분)

‘청평? 어디서 들어봤는데.’

나는 고개를 갸웃하다가 형에게 용기를 내서 물었다.

“형, 청평에서는 어디 가는 거예요?”

“가보면 알아.”

형이 싱긋 웃으면서 말했다.

비전에는 미래를 바꾸는 힘이 있다

기차 안에서 홍민이와 승재는 형 옆자리 쟁탈전을 벌이고 있었다. 나는 무심한 척 가장자리에 앉아 조용히 안전벨트를 맸다. 형의 옆자리 표가 홍민이에게 돌아가자 승재는 가위바위보를 제안했다.

“야! 상석을 날로 먹는 게 어딨냐?”

“어딨긴, 여기 있지.”

홍민이는 혀를 날름 하고는 형의 옆자리에 앉아버렸다. 결국 나와 승재가 한 좌석에 앉게 되었다. 그러고도 미련을 버리지 못했는지 승재는 계속 뒤를 돌아보며 투덕거리고 있었다. 그때 놀라운 일이 벌어졌다. 형이 의자 옆의 페달을 누르더니 의자를 획 하고 돌린 것이다. 의자가 180도 돌아가자 형이 빙글 돌아 내 눈앞에 번쩍 나타났다. 나는 화들짝 놀라서 나도 모르게 "어, 어…." 하면서 몸을 좌석 뒤로 바짝 붙였다. 그런 나를 보며 형이 또 싱긋 웃었다.

"이지훈, 내가 맞혀볼까?"

나는 형이 또 무슨 말을 하려나 싶어 가만히 바라보았다.

"너… 만화 좋아하지?"

"에이! 또 점쟁이 놀이다!"

홍민이가 깔깔 웃었다.

"네! 저 만화 좋아해요!"

승재가 번쩍 손을 들었지만 나는 고개를 저었다.

"쳇, 만화는 어린애들이나 보는 거잖아요."

물론 나는 만화를 좋아했지만 왠지 형한테는 그렇게 말하고 싶지 않았다.

"그럼 내가 진짜 재미있는 만화 보여줄까?"

만화라는 말에 홍민이와 승재는 귀가 솔깃해진 것 같았다.

"장 지오노라는 프랑스의 유명한 작가가 쓴 단편 에세이를 원

작으로 해서 만든 애니메이션이다. 제목은 '나무를 심은 사람'이야."

홍민이는 형의 말에 관심을 보였지만 나는 제목부터 너무 고리타분하다고 느꼈다. 형이 노트북을 꺼내서 전원 버튼을 켜고 Play 버튼을 누르는 동안 나는 창밖을 바라보는 척하면서 흘끔흘끔 모니터를 보았다.

잠시 후 모니터에서 뭔가 촌스러운 느낌의 영상이 흘러나왔다. 형은 작은 담요를 하나 꺼내 목 뒤에 댄 다음, 팔짱을 끼고 느긋이 모니터를 바라보았다. 우리는 한 번씩 한숨을 내쉬고서야 조용히 모니터에 집중했다. 서서히 화면이 밝아지면서 온통 녹색의 숲이 펼쳐졌다. 얼마 후 우리는 서서히 모니터 안으로 빠져들었다.

이야기는 프랑스 프로방스 지방의 한 고원지대에서 펼쳐진다. 제1차 세계대전이 벌어질 때 즈음 한 여행자가 미지의 고원지대에 찾아들었다. 그곳은 나무 한 그루, 풀 한 포기 없이 황량하기만 했다. 고도가 너무 높아서인지 피어 있는 것이라고는 야생 라벤더가 전부인 황무지였다.

버려진 마을에서 우물을 찾던 여행자는 우연히 양치기 노인을 만났다. 새로운 운명이 열리는 순간이었다. 노인은 여행자에게 자신의 물을 나누어주며 느릿느릿 이야기를 시작했다. 욕심 없이 외로운 삶 속에서도 늘 한결같은 모습을 간직한 은둔자와 비슷한 모습이었다. 어찌 보면 내면에 단단한 자신감과 느긋함을 기른 선인 같기도 했다.

마땅히 잘 곳이 없던 여행자는 노인의 집에서 하루를 묵게 되었다. 말끔하고 깨끗하게 정돈된 집에서 저녁식사를 마치자 노인이 작은 자루 하나를 가져왔다. 자루 안에는 도토리 한 무더기가 들어 있었다. 노인은 그것을 테이블 위에 쏟아놓고 하나하나 주의 깊게 살피며 쓸 것과 못 쓸 것을 골라내기 시작했다. 여행자가 도우려 했지만 그는 웃으며 이것은 자신이 해야 하는 일이라고 말했다. 결국 노인은 건강한 도토리 백 개를 모아두고서야 잠이 들었다.

다음 날 아침이었다. 노인은 준비한 도토리를 들고 산등성이로 갔다. 그런 다음 느리지만 꾸준한 손길로 쇠막대를 이용해 땅을 파서 그 안에 도토리 한 개를 넣고 다시 구멍을 덮었다.

알고 보니 그는 헐벗은 산에 떡갈나무를 심는 노인이었다. 그렇게 정성을 다해 하루 만에 집에서 가져온 도토리 백 개를 모두 심었다.

노인이 나무를 심기 시작한 건 3년 전부터라고 했다. 그 말을 듣고 여행자가 입을 열었다.

"그럼 지금까지 1만 그루를 심으셨네요. 곧 아주 멋진 숲이 되겠어요."

노인이 말했다.

"신이 나를 오래 살아 있도록 허락한다면 더 많은 나무들을 심을 거라오. 그러니 지금의 1만 그루는 바닷물 속에 떨어진 한 방울의 물이나 다름없소."

그렇게 노인은 삶의 불이 꺼질 때까지 계속해서 나무를 심었다. 오랜 시간이 지나, 그가 심은 나무들이 무럭무럭 자랐다. 어느덧 황무지는 커다란 숲으로 변했다. 풀 한 포기 자라지 않던 땅, 그 희망 없는 땅에서 나무들이 무성하게 자라나며 생명력을 과시하고 있었다.

공기도 바뀌었다. 숲 속에는 향기로운 바람이 불어왔다. 나무 뿌리의 도움으로 흙은 기름지게 되었다. 죽어 있던 샘들도 되살아났다. 숲이 빨아들인 물이 땅 아래로 흘러든 덕분이었다. 근처에 살던 사람들도 변했다. 다들 무너진 벽돌을 허물고 깨끗하게 새 집을 지었다. 어느덧 사람들이 하나둘 모여 마을은 북적대기 시작했다. 이것은 한 노인의 나무 심기라는 작은 행동이 불러온 위대한 기적이었다.

애니메이션이 끝나고 자막이 올라가는 순간, 나는 승재와 홍민이의 얼굴을 바라보았다. 어릴 때부터 함께 장난도 치고 밥도 같이 먹고 했지만 그런 표정은 정말이지 처음 보았다. 웃는 것도 같고 우는 것도 같은 표정이었다. 나는 서둘러 내 얼굴을 매만졌다. 나도 똑같은 표정일 게 분명했다. 결말 부분에서 완전히 바뀐 도시의 모습을 보는 순간 갑자기 눈물이 날 것 같았다.

"흠, 저곳에 가면 오리지널 도토리묵을 먹을 수 있겠군."

형이 중얼거리듯 말하자 그제야 우리 셋도 싱긋 웃었다. 형이 노트북을 끄는 동안 홍민이가 조용히 말했다.

"재밌긴 한데… 그래도 만화니까 가능한 이야기인 것 같아요."

"그래. 그렇게 생각할 수도 있지. 아무 대가나 보답 없이 이렇게 무언가를 꾸준히 하기는 어려우니까."

형이 노트북을 가방 안에 넣으면서 말했다.

"하지만 말이다⋯."

이번에는 과자봉지를 뜯으면서 형이 말했다.

"과연 이 노인에게는 아무런 보답이나 대가도 없었을까?"

형이 과자를 씹는 '바삭' 소리가 귓전에 크게 울렸다. 나와 승재와 홍민이는 형의 과자 먹는 소리를 들으면서 가만히 생각했다. 제일 먼저 승재가 말했다.

"나무 팔아서 돈을 벌지 않았을까요?"

홍민이는 고개를 저었다.

"나무 팔아서 돈을 벌려고 했던 것 같지는 않아. 그보다는 자기가 심은 나무가 숲이 될 걸 알았던 것 같아. 숲을 만들려고 나무를 심은 거야. 맞죠, 형?"

홍민이의 말에 형은 과자를 먹으면서 고개를 끄덕였다.

"내 생각도 그래."

홍민이는 형의 수긍에 뿌듯해 했고, 승재는 풀이 죽었다.

"혹시 너희들 비전이라는 말 들어봤어?"

형이 나를 바라보며 질문을 던졌다. 이번에는 내가 말했다.

"들어봤어요. 아빠가 가끔씩 신문 보면서 요즘 젊은 애들은 비전이 없다니까, 이런 말씀하시는 걸 들어봤어요."

"하긴 나도 그런 이야기 들어본 것 같아."

승재가 고개를 끄덕였다. 그 말에 형이 먹던 과자봉지를 홍민이에게 넘기고는 계속해서 말을 이었다.

"비전은 사전적인 의미로는 시력, 시야를 뜻해. 예지력, 선견지명이라는 뜻도 있고. 목표는 단기적이고 명확한 느낌을 주지만 비전은 다소 멀고 막연한 느낌을 주지. 너희는 어느 쪽이 좋아?"

"저는 짧은 게 무조건 좋아요. 그래서 목표요."

내가 말했다.

"저도요."

홍민이도 고개를 끄덕였다.

"하지만 목표는 비전과 떨어질 수 없는 관계야. 목표가 작은 운동장이라면, 비전은 넓은 숲이라고나 할까? 예를 들어 노인이 나무를 심을 때는 황량한 모래 동산이 전부였지? 그래서 노인은 목표를 세운 거야. 나무를 심겠다고. 하지만 단순히 목표만 세우는 데에서 멈춘 게 아니었어."

"목표를 세우고 나무를 심는 것 말고 또 준비할 게 있어요?"

내가 궁금함을 참지 못하고 물었다.

"몇 그루의 나무뿐만 아니라 숲과 동산과 시내의 모습을 전체적으로 다 그린 뒤에 일에 착수한 거지. 즉 나무를 심는다는 목표와 동시에 숲이 우거지고 사람들이 안식을 얻는 아름다운 마을을 머릿속에서 그려낸 거야. 그게 바로 비전이다."

"어, 왠지 다이어트랑 비슷한 것 같아요!"

승재가 말했다.

"작년에 다이어트할 때 엄마가 그랬어요. 오늘 하루 식사 조절을 잘하고, 또 일주일을 잘하면, 1년 뒤에는 멋쟁이 남학생이 될 거라고요. 하지만 저는 1년 뒤에 멋쟁이 남학생 되는 거에는 흥미 없어요. 지금 맛있는 걸 먹는 게 좋은 걸요."

"그러니까 살 못 뺐잖아, 메롱."

홍민이가 핀잔을 주었지만 승재는 여전히 헤헤 웃기만 했다.

"승재 어머니께서 말씀하신 것도 하나의 비전이지. 목표를 정해서 나아갈 때 이룰 수 있을 만한 꿈을 구체적으로 그려주셨으니까. 하지만 그건 어머니의 비전이었을 뿐 승재 비전은 아니었던 것 같아.”

그 말에 승재가 고개를 끄덕였다.

“맞아요. 저는 그때 1년 후 제 모습이 잘 그려지지 않았거든요.”

이번에는 홍민이가 물었다.

“그럼 지금 자기가 전교 1등이 되는 모습을 그리면 그것도 비전이 되는 거예요?”

형은 고개를 끄덕였다.

“그런 것도 일종의 비전이라고 할 수 있지.”

그때 내가 토를 달았다.

“에이, 그러면 너무 간단하잖아요.”

그 말에 홍민이와 승재가 동시에 나를 바라보았다.

“누구나 전교 1등을 비전으로 삼으면 전교 1등이 수천 명은 되겠다, 뭐.”

다짐보다 중요한 건 몸으로 실천하는 거야

“그럼 그 나무 심은 노인에게서 하나 더 배워보자. 노인이 숲이라는 비전을 위해 무얼 했지?"

가장 먼저 대답한 사람은 승재였다.

"음… 매일 나무를 심었다는 거요."

"그거다. 비전의 질을 결정하는 건 바로 행동이야."

형이 눈을 빛내며 말했다.

"비전은 반드시 행동과 결합해야만 강력한 힘을 내는 거야. 그 마을에는 노인만 있던 게 아니었지? 아마 수십 수백의 사람들이 헐벗은 숲을 보면서 그 노인과 같은 생각을 가졌을 거다. 그렇지만 그들은 막상 행동으로 옮기지는 않았어. 그건 노력하다 보면 숲이 만들어질 거라는 가능성 자체를 너무 멀게 느꼈기 때문이 아닐까."

"사실은 저였어도 자신이 없었을 것 같아요. 혼자 나무를 심어서 언제 숲이 되겠어요."

내가 중얼거리듯 말했다.

"응, 분명 쉽지는 않은 일이야. 하지만 노인은 달랐지. 자기 비전을 위해서 지속적으로 그것을 실행에 옮겼어. 이게 중요한 거야. 하루 이틀이 아니라 첫 삽을 뜨는 순간부터 그 숲이 이루어질 때까지 계속해서 노력을 기울였다는 것."

우리는 형을 바라보았다.

"그런 행동력이 없다면 어떨까? 그건 이른바 '허튼 상상, 허튼 꿈'에 머물게 되는 거야."

"그런데 너무 어렵잖아요. 모든 사람들이 그 노인처럼 하는 건 말이에요."

승재가 풀이 죽어서 말했다. 하지만 홍민이는 좀 달랐다.

"난 왠지 형 말을 조금은 이해할 것 같아. 너네 기억나? 나 초등학교 때까지만 해도 키 되게 작았잖아. 그래서 그때 나는 키 크는 게 하나의 비전이었나봐. 그렇게 마시기 싫어하던 우유도 엄청 먹고, 매일 줄넘기도 했거든. 그래서 지금은 중간 키라도 됐잖아, 헤헤."

그 말을 듣자 땅꼬마 같았던 홍민이의 모습이 기억났다. 녀석은 처음 중학교에 입학해 교복을 입었는데 재킷도 바지도 무척 헐렁했다. 그때 우리가 쌀자루를 입고 왔다고 놀리자 울어버렸던 것이다. 내가 쿡쿡대자 홍민이가 나를 노려보았다. 그 순간 형이 나에게 물었다.

"지훈이는 어떤 비전이 있었어?"

나는 웃다 말고 형을 바라보았다. 형이 나를 빤히 바라보고 있었다. 순간 나는 모든 걸 솔직하게 말할 뻔했다. 사실 나는 비전 같은 걸 가져본 적이 없다고. 공부에서는 더더욱 그랬다고 말이다.

사실 지금까지 내 꿈은 하나였다. 돌아가신 엄마가 돌아와서 예전처럼 단란하게 지내는 것이다. 하지만 나는 언제부터인가 그게 이루어질 수 없는 꿈이라는 걸 알게 되었다.

나는 "그런 거 없어요." 하고는 고개를 저었다. 내 퉁명스러운 반응에 홍민이와 승재도 조금 놀란 얼굴이었다. 형이 뭐라고 다시 말하려는 순간, 청평역에 도착한다는 안내 멘트가 흘러나왔다.

"생각보다 금방 왔네?"

홍민이와 승재는 신이 나서 시큰둥한 내 얼굴 표정 같은 건 신경도 쓰지 않고 창밖을 보기 바빴다. 나는 다시 팔짱을 끼고 좌석에 몸을 기댔다. 흘긋 보니 형도 창밖을 바라보고 있었다. 뭔가 깊은 생각에 잠긴 표정이었다.

＊ ＊ ＊

터미널에서 버스를 한 번 타자 금방 목적지에 도착했다. 가만히 살펴보니 매표소에 '아침 고요 수목원'이라는 팻말이 붙어 있었다.

"우아! 텔레비전에서 몇 번 봤어요, 여기."

승재가 풀쩍 자리에서 뛰어올랐다.

"맞아, 엄청 큰 나무들이 많은 데잖아요."

홍민이도 맞장구를 쳤다. 표를 사서 입구를 지나자 수목원의 전경이 한눈에 펼쳐졌다. 울창한 숲뿐만 아니라 색색의 꽃과 나무들이 사방을 아름답게 장식하고 있었다.

"구석구석 다니다 보면 더 놀라운 걸 많이 보게 될 거야. 오랜만에 놀러 왔으니 천천히 둘러보면서 쉬자."

그저 울창한 숲만 있을 줄 알았는데, 곳곳에 만들어진 오솔길, 조그마한 정자, 실개천 등 아기자기한 풍경들이 눈을 즐겁게 해주었다. 한참을 둘러보던 형이 말했다.

"이곳이야말로 한국판 나무 심은 노인이 만들어낸 장소야. 이곳은 일반적인 수목원이 아니거든."

"네? 무슨 뜻이에요?"

"응, 이곳은 장기간의 계획을 갖고 정성 들여서 만들어진 곳이야. 삼육대학교 원예학과의 한상경 교수라는 분이 가장 한국적인 정서를 담은 정원을 만들고 싶다는 생각으로 1960년대에 설립한 곳이지."

"정말 한국판 나무를 심은 사람이네요."

승재가 높은 나무들을 바라보며 말했다.

"이 수목원에 올 때면 큰일을 생각할수록 미래에 대해서 더 구체적인 그림을 그려야 한다는 말이 와 닿는 것 같아. 그 교수님도 처음에는 몇 그루의 나무를 심는 일부터 했겠지만 이미 그분의 마음속에는 이 수목원의 그림이 있었을 거야. 사람들이 이곳에 찾아와 쉬고 재충전하는 모습을 상상하지 않으셨을까?"

그제야 우리는 주변을 둘러보았다. 아빠의 손을 잡고 뛰어노는 아이, 여러 식물을 유심히 관찰하는 초등학생들, 손을 잡고 오솔길을 정겹게 걷는 형과 누나들, 모두가 이곳을 마음껏 즐기고 있었다. 나는 가만히 앞서 걸어가는 단란한 가족에 시선을 고정시켰다. 다들 간만의 나들이에 즐거운 얼굴이었다. 잠

시 부러운 기분이 들면서 오랜 시간 동안 이 수목원을 만들었
다는 교수님이 궁금하기도 했다.

승재와 나, 홍민이는 좁은 길을 따라 한참이나 걸었다. 아침에
청량리역으로 향할 때만 해도 머리가 무거웠는데 풍성한 나무
와 꽃향기가 풍기는 봄의 기운에 마음이 편안해졌다. 그때 홍
민이가 식물 하나를 발견하고는 신 나게 달려갔다. 그러고는
승재에게 외쳤다.
"승재야! 이리 와봐! 햄버거랑 비슷한 꽃이 피었다! 딱 네 거
네, 히히."
그 말에 승재는 후닥닥 홍민이가 있는 쪽으로 달려갔다. 그 모
습을 본 병훈 형이 흐흐 웃었다.
"한창 많이 먹을 때는 뭘 봐도 먹을 걸로 보이지."
나는 웃고 있는 형을 잠시 올려다보았다. 형은 바지 주머니에
손을 찔러 넣고 나와 나란히 걷고 있었다. 나는 뭔가 물어보고
싶었지만 선뜻 입이 떨어지지 않았다. 그래서 우물쭈물하고
있는데 문득 형이 나를 바라보았다.
"여기 온 이유가 또 하나 있는데 들어볼래?"

형의 덤덤한 한마디에 나는 고개를 끄덕였다.

"나는 아버지가 안 계시다."

그 말을 듣자마자 나는 주춤 걸음을 멈췄다. 그 바람에 가방에 넣어둔 캔 음료가 부딪치며 '달각' 소리를 냈다. 형은 싱긋 웃고는 나를 바라보았다. 나는 그 눈을 피해버렸다. 그리고 다시 걸음을 옮기기 시작했다.

"나는 어릴 때부터 아버지랑 떨어져 있는 시간이 많았어. 외국에서 오래 일을 하셨는데 1년에 절반 이상은 외국에 나가 계셨거든. 그렇게 1년에 몇 번 돌아오시면 가족끼리 어딘가 놀러 가곤 했지. 그때 가장 즐겁게 가족끼리 놀러 왔던 곳이 바로 여기야."

형은 말을 마치고 깊이 숨을 들이켰다.

"그때 아버지가 이곳에서 그러셨어. '병훈아, 나무는 결코 한꺼번에 아름드리나무가 되지 않는다. 인간의 눈으로는 볼 수 없을 정도로 매일매일 조금씩 자라지. 나는 네가 한꺼번에 키가 크는 대신 매일 조금씩이라도 평생 동안 성장했으면 좋겠다'고 말이야."

형의 얼굴을 보니 아버지가 그리운 것 같았다. 나도 문득 아빠

생각이 났다. 나는 머리를 긁적이며 말했다.

"우리 아빠는 '사나이답게 한 방에 끝내라'는 말 진짜 많이 하시는데."

내가 싱긋 웃자 형도 웃었다.

"응, 사실은 나도 그쪽에 가까운 성격이긴 해. 하지만 가끔은 느리고 더디게, 그러나 큰 꿈을 가지고 천천히 성장하는 것도 좋다고 생각해. 물론 내 나무만 성장시키는 게 아니라 커다란 숲을 만드는 일을 그리면서 말이야."

문득 '엄마는 내게 뭐라고 하셨더라' 하는 생각이 떠올랐다. 어릴 때 엄마는 늘 내가 씩씩하고 행복한 아이였으면 좋겠다고 하셨다.

"저도 꿈을 이룰 수 있었으면 좋겠어요."

형은 말없이 나를 바라보았다. 나는 우물대듯이 말했다.

"이 숲을 만든 분이나 아까 그 할아버지처럼 큰 그림을 그리면서 꾸준히 노력하고 싶어요."

"너는 꿈이 뭔데?"

"음… 지금보다 좀 더 행복해지는 거요."

그 말에 형의 눈빛이 잠시 따뜻해진 것처럼 느껴졌다. 그때 저만치 승재와 홍민이가 재잘재잘 떠들면서 다가왔다.

"지훈아! 저 꽃에서 진짜 햄버거 냄새 난다니까?"

승재가 신이 나서 떠들었다. 형과 우리는 오솔길을 걸으며 신기한 나무들이 보일 때마다 다가가서 구경했다. 홍민이가 기분이 좋아진 얼굴로 주변을 둘러보면서 말했다.

"큰 꿈은 큰 사람들이 꾸는 거잖아요. 나도 나중에 이런 수목원 지을까?"

형이 싱긋 웃었다.

"이봐, 열여섯 살, 대체 뭐가 걱정인 거야? 나는 너희가 부럽다. 앞으로 20년 동안 나무를 심어도 37살밖에 안 되는 거지? 노인은 이미 머리가 희끗희끗해진 나이에 나무를 심기 시작했으니까 너희는 천천히 해도 훨씬 더 많은 나무를 심을 수 있을 거다. 자작나무, 소나무, 앵두나무, 종류도 다양하게 심을 수 있고."

"헤헤, 그럼 우리는 동물원 만들까? 나무도 심고 동물도 한 마리씩 키우고."

승재가 머리를 긁으면서 웃었다.

"그것도 좋지. 자기가 좋아하는 분야에서 하나씩 목표를 이루어가는 건 나무를 심는 것과 같아. 의학 분야에서 나무를 심을 수도 있고, 이공계 분야에서 심을 수도 있겠지.”

“형도요?”

나는 잠시 걸음을 멈추고 형을 올려다보았다. 형은 알 듯 모를

듯 미소를 짓더니 우리를 둘러보았다.

“나는 말이다.”

형은 우리보다 앞서 걸어가다가 뒤를 돌아보면서 씨익 웃고

는 다시 말했다.

“너희들이라는 나무를 심고 있지.”

“우우!”

승재와 홍민이가 낯간지럽다는 듯 킥킥댔다.

“걱정 마라.”

형이 안경을 추켜올리며 말했다.

“나중에 잘 자라면 갖다 팔 거니까.”

그 말에 우리 셋은 배를 잡고 웃었다.

비전은 멋진 것보다는 행복한 것이어야 해

돌아오는 기차에서 홍민이와 승재는 금방 깊은 잠으로 빠져

들었다. 오랜만에 야외로 나와 돌아다니다 보니 피곤하기도 했을 것이다. 그런데 나는 이상하게도 잠이 오지 않았다. 차창 너머 휙휙 지나가는 저녁 풍경이 그리운 기억들을 떠올리게 했다.

엄마가 살아 계셨을 때 우리 집은 단란한 가정이었다. 하지만 아빠가 먼 곳에서 근무하게 되면서 오래 떨어져 있을 때면 외롭기도 했다. 그럴 때 엄마와 나는 어스름 무렵 둘이 손을 잡고 동네를 산책했다. 그러고는 작은 슈퍼에 들러 과자를 사서 집에 들어왔다. 내가 아빠 손을 잡고 길을 걷는 아이들을 부러운 듯 바라보면 엄마는 가만히 서서 나를 기다려주었다.
"엄마, 아빠는 언제 와?"
"아빠? 열 밤만 더 자면 오시지."
그리고 엄마는 웃었다. 하지만 열 밤이 지나도 아빠는 돌아오지 않으셨다. 그럼 나는 또다시 물었다.
"엄마, 아빠는 언제 와?"
"열 밤만 더 있으면 오셔."
그렇게 열 밤이 지나고 정말로 아빠가 오실 때도 있었다. 나는 온종일 아파트 베란다에 매달려 아빠가 오는 걸 기다렸다. 저만치 가로등 불빛에 아빠 그림자가 나타나면 나는 쿵쿵 소리를 내면서 달려나가서 계단에서 아빠를 맞이했다.

"안 자?"

형의 목소리가 문득 내 상념을 깨웠다. 나는 쑥스럽게 웃으면서 말했다.

"저는 한 번 깨면 잠을 잘 못 자요."

"나도 내 방 침대가 아니면 잠을 잘 못 자. 유학 가서 기숙사 생활을 하게 됐을 때 뭘 가져갔는지 알아?"

"뭔데요?"

"내 곰 인형. 내 방 냄새가 나거든."

형이 씩 웃었다. 그 말에 나는 이상한 눈빛으로 형을 바라보았다. 스무 살도 훨씬 넘은 어른이 곰 인형을 껴안고 자다니 상상만 해도 우스웠다.

"오늘은 어땠어? 지루하진 않았어?"

형이 나를 바라보며 물었다.

"아니요. 많이 답답했는데, 모처럼 기분이 좋았어요. 그런데요, 형, 궁금한 게 하나 있어요.”

“뭔데?”

“그 비전이라는 거요. 꼭 공부랑 관련될 필요는 없는 거죠?”

“응, 굳이 공부 잘하는 게 인생 최대의 목표일 필요는 없어. 너
는 행복해지는 게 꿈이라고 했지?”

그 말에 내가 웃었다.

“그럼 우선 뭘 할 때 네가 가장 행복한지를 찾아야겠다.”

“솔직히 잘 모르겠어요. 사실 제 미래에 대해서는 별달리 생각
해본 적이 없었어요.”

“걱정 마. 형도 네 또래 때에는 별 생각이 없었으니까.”

“그런데요….”

내가 조심스럽게 말을 꺼냈다.

“오늘은 뭔가 해보고 싶은 게 생기려고 해요. 미래, 꿈, 비전
이런 말들에 대해서 많이 들었지만 저랑은 상관없다고 생각했
어요. 그런데 오늘은 이렇게 많은 가족들과 사람들에게 기쁨
을 주는 일을 하고 싶다는 생각이 들었어요.”

순간 형이 불쑥 손을 내밀어서 내 머리를 쓰다듬었다.

“그래, 바로 그런 것부터 시작하는 거다.”

"네?"

"요즘 세상에서 이야기하는 비전은 모두들 너무 비슷해. 대부분이 돈이나 권력과 연결되어 있지. 주식으로 100억 벌기, 경매로 20억 벌기 같은 이야기들만 하고 권력과 돈이 최고라고도 하지. 그러다 보니 다들 '큰 비전' 하면 부자가 되고 싶다는 비전, 권력자의 비전만 생각해. 하지만 진정한 비전은 자기 자신뿐만 아니라 세상과 다른 사람들을 향하는 것이어야 한다고 믿어. 그런 사명감이 어려운 순간 그 비전을 포기하고 싶을 때 힘으로 작용하거든."

정확히는 이해할 수 없었지만 나도 모르게 절로 고개를 끄덕였다. 돌아가신 엄마를 다시 볼 수 없다면, 그래서 예전처럼 행복해지는 게 가능하지 않다면, 이제는 내가 있는 자리에서 내 행복을 만들어가야지. 그러려면 다시 꿈을 꾸어야겠다. 나 자신과 다른 사람까지도 행복하게 만들 수 있는 꿈을 말이다. 그런 걸 비전이라고 한다면 그리 어렵지도 않을 것 같다는 생각이 들었다. 내가 한참 생각에 잠겨 있자 형이 크게 기지개를 켜면서 말했다.

"쉽게 생각해봐, 지훈아. 씨를 뿌렸으니 싹은 반드시 나기 마련이라고. 지금부터 시작인 거다. 찬찬히 해나가자, 형이랑 같이."
마지막에 "형이랑 같이"라는 말을 들으니 뭔가 이상한 기분이 들었다. 안도감인 것 같기도 했고, 형을 실망시키지 말아야겠다는 생각 같기도 했다.
내가 뭔가 더 말하려고 할 때 열차가 청량리역으로 들어가고 있다는 안내 방송이 흘러나왔다. 승민이와 승재는 졸린 표정으로 기지개를 켰다.

튼튼한 목표를 정하는 습관

펭귄, 하늘을 달리다

햇살 좋은 날이었다. 우리는 종로에 있는 한 커피숍 세미나실에 앉아 있었다. 형이 대학 시절 스터디 그룹 친구들과 자주 공부하던 곳이라고 했다. 세미나실은 제법 큰 공간에 예쁜 탁자와 책들이 꽂힌 책장이 비치되어 있었다. 문을 닫으니 우리만의 공간처럼 아늑해졌다. 이런 분위기의 장소에 처음 들어와 본 우리는 주변 물건을 살피느라 정신이 없었다.

"오, 뭔가 어른들의 세계 같아."

홍민이가 중얼댔다. 녀석은 이미 책장 위에 놓인 지구본으로 쪼르르 달려가 그걸 빙빙 돌려보고 있었다. 승재도 금방 신이 난 얼굴이 되었다.

"학교 도서실하고는 너무 다르잖아. 이런 데서 공부하면 엄청 잘되겠다. 학교 도서실은 선생님들이 하도 주의를 주서서 너무 답답해.”

두 사람의 말에 형이 고개를 끄덕이며 말했다.

“그래, 그 분위기 나도 잘 알지. 그런데 말이다. 자율성이란 게 바로 중학생과 대학생의 차이 같아. 중·고등학교를 거치면서 공부하는 방법을 배우고서야 더 이상 지도받을 이유가 없으니 이런 데서 맛있는 거 먹으면서 공부도 할 수 있는 거지. 지금 당장 네 녀석들을 여기다 풀어놓으면 분명히 볼만 할 거다. 하하.”

그 말에 나는 고개를 끄덕였다. 우리끼리만 있으면 얼마나 난장판을 만들까 싶었다. 우리는 잠시 후 노트를 펼쳤다. 그런데 홍민이나 승재나 나나 모두 노트만 펼쳐놓았을 뿐 선뜻 나서려고 하지 않았다. 형은 손으로 볼펜을 돌리면서 우리를 번갈아 바라보았다. 누가 먼저 입을 여나 기다리는 것이다. 나는 형과 눈이 마주치자 곧바로 딴청을 부렸다. 사실 비전을 생각하는 일은 쉽지 않았다. 너무 먼 훗날의 일이기도 하고, 막연하기도 했다.

* * *

어제 나는 저녁 시간 내내 소파에 앉아 생각에 빠져 있었다. 고모가 궁금한 얼굴로 물었다.

"우리 지훈이, 오늘은 웬일로 이렇게 얌전해, 응?"

고모가 빨래를 개다가 슬쩍 물었다. 나는 모른 척 무릎 위의 노트를 바라보다가 다시 볼펜을 물고 생각에 빠졌다. 고모는 뭐가 그렇게 궁금한지 자꾸 말을 걸었다.

"그렇게 딴생각 많이 하면 키 안 커. 얼른 들어가서 숙제하고 공부해야지."

나는 고모를 흘긋 보고는 퉁명스럽게 말했다.

"고모는 공부하라는 말을 너무 많이 해."

"공부를 잘해야 훌륭한 사람 되니까 그렇지."

"그럼 훌륭한 사람은 다 공부 잘한 사람이야?"

그 말에 고모는 잠시 생각하더니 말했다.

"글쎄, 아무래도 그럴 가능성이 높지 않을까?"

고모는 빨래를 다 개고 사과를 꺼내 오면서 말했다.

"고모는 공부 잘했어?"

“어머? 나야 엄청 잘했지!”

고모가 갑자기 눈을 반짝이며 사과 깎던 칼을 번쩍 들어 올렸다. 그걸 보자 소파에서 펄쩍 뛰어오르듯이 “그럼! 아빠는 항상 1등이었지!” 하시던 아빠 모습이 떠올라 킥킥 웃음이 났다. 나는 정색을 하고 물었다.

“그럼 고모도 훌륭한 사람인 거야?”

그 말에 고모는 잠시 고개를 갸우뚱했다.

“우리 지훈이를 이렇게 잘 키웠으니 훌륭한 고모지. 흠흠.”

“그건 공부 못해도 잘할 수 있는 일이잖아.”

그 말에 고모는 ‘요 녀석이 오늘따라 왜 이러나’ 하는 얼굴로 나를 바라보았다. 나는 연이어 물었다.

“고모가 피는 못 속인다 그랬잖아. 아빠도 고모도 공부를 잘했으면 난 뭐가 문제일까 생각하는 중이에요.”

“넌 노는 걸 너무 좋아해, 고모 생각엔.”

“아녜요, 고모. 나는 지금 나한테 심각한 문제가 있다는 걸 느끼고 있어.”

“문제?”

“응. 나는 하고 싶은 거, 그러니까 목표가 없어.”

고모는 사과를 먹다가 말고 나를 빤히 바라보았다.

"지훈아, 너 혹시."

"응?"

"설마… 사춘기냐?"

그 말에 나는 얼굴을 찡그리며 자리에서 일어났다. 그리고 내 방으로 들어가며 쏘아붙였다.

"고모, 난 16년 내내 사춘기였다구."

고모는 어리둥절한 표정이었지만 나는 그냥 방으로 들어와 버렸다. 어른들이 내 마음을 알아주길 기대한다는 건 늘 무리인 것 같았다. 답답한 심정으로 생각한 것을 노트에 써 내려갔다. 그런데 지금 이걸 형 앞에 펼쳐놓으려니 너무 부끄러웠다.

큰 비전은 목표를 끌어가는 견인차다

내가 생각에 잠겨 있는 동안 형이 눈치를 줬는지 홍민이가 입을 열었다. 뭐가 수줍은지 얼굴이 빨개졌다 파래졌다 하고 있었다. '뭐야, 금방 심장마비라도 걸릴 것 같은 얼굴이잖아?' 싶을 정도였다.

"저는요…. 아프리카에 가난한 아이들을 위한 도서관을 짓고 싶어요."

홍민이가 말을 마친 뒤 길게 한숨을 내쉬었다. 그러자 승재가 킥킥 웃으며 말했다.

"뺑쟁이. 너 3개월 전만 해도 도서관 근처에도 안 갔잖아."

그 말을 들은 홍민이는 얼굴이 빨개지더니 승재를 바라보며 억울한 듯 말했다.

"기억 안 나? 초등학교 때 학교 도서관에서 책 가장 많이 빌려 본 아이가 나였잖아. 그래서 상도 받았다구! 내가 상으로 받은 노트 두 권이나 너한테 나눠줬잖아!"

"어, 그랬었나?"

승재가 머리를 긁적였다. 형이 재미있다는 듯 우리를 둘러보며 말했다.

"그럼 홍민이 너는 그때 결심한 거지? 아프리카에 도서관을 짓겠다고 말이야."

홍민이는 고개를 끄덕였다.

"네…. 도서관에서 책을 빌려 읽으면 늘 재밌었어요. 컴퓨터도 하고, 다른 잡지를 보는 것도 좋았고요. 그렇게 좋은 곳이 아프리카에도 있어서 아이들이 많이 갔으면 좋겠어요.”

수줍지만 당당하게 말하는 홍민이를 보니 한편으로 놀라웠다. 매일 장난만 치고 놀기만 했지 지금껏 홍민이가 무슨 꿈을 꾸는지 한 번도 궁금해 한 적이 없었다는 생각이 들었다. 형은 홍민이의 말에 고개를 끄덕이고는 의자에 몸을 길게 기대더니 팔베개를 하며 말했다.

“꽃이 피려면 씨앗이 필요하지? 형은 꿈이나 비전 같은 것도 그냥 자라는 게 아니라고 생각해. 거기에는 경험과 생각이 필요한 거야. 전에 형이 이야기한 비전 기억나?”

“우리를 큰 나무로 키워서 내다 파신다고 했잖아요. 히히.”

승재의 말에 형도 웃었다.

“그래, 맞다. 그런데 형도 그런 생각을 하게 된 이유가 있어.”

형이 다시 몸을 일으켜 바로 앉으며 말했다.

“형은 말이다. 중·고등학교를 다닐 때 사실 그다지 행복하지 않았어. 전교에서 늘 상위권이었지만 그게 나에게 너무 큰 대가를 요구하는 것 같았거든. 1등을 놓치지 않겠다는 생각만 하다 보니 불안하기도 하고 매일매일 스트레스를 받았지. 그때 내 목표가 뭐였는지 알아? 어떻게 해서든 행복해지는 것. 그리고 이제는 나뿐만 아니라 너희들도 그러길 바란다.”

순간 형이 나를 바라보았다. 며칠 전 수목원에서 했던 대화가 생각났다. 나도 이제는 형과 비슷한 생각을 하고 있었다. 그런데 홍민이와 승재는 어릴 때 늘 전교 1등을 하고 좋은 학교에 들어가 유학까지 다녀온 형이 그런 말을 하는 게 잘 이해되지 않는 표정이었다. 형이 다시 말을 이었다.

“누구나 치열한 전쟁을 치를 때는 뭐가 잘못됐는지, 얻은 건 뭐고 잃은 건 무엇인지 알 수가 없어. 하지만 그 전쟁 같은 시간이 지나고 나면 뒤를 돌아보게 되지. 그렇게 자신의 과거를 더듬고 반추할 줄 아는 게 바로 인간의 장점 아니겠어?”

“저는 아직 그런 거 생각해본 적 없는데? 흐흐.”

승재가 너스레를 떨었다.

“하하, 걱정하지 마. 나도 대학을 가고 나서야 뒤늦게 그런 생각이 들었어. 감수성 풍부하고, 큰 꿈을 그리며 성장해야 할 나이에 징그럽게 점수나 등수만 붙들고 있느라 마음이 건조하게 말라버렸다는 걸 말이야. 그래서 어린 친구들은 이런 일을 되풀이하지 않도록 도와주고 싶어졌어. 하지만 그게 단순히 생각만으로 끝나면 안 된다고 생각했지.”

형은 잠시 말을 멈추고 우리를 바라보았다.

"그러면요?"

이번에는 내가 물었다.

"나보다 어린 친구들에게 즐겁게 꿈꾸고 공부하는 법을 가르치려면 어떻게 해야 할까? 바로 이 비전을 바탕으로 내 능력과 상황에 따라 직업을 선택해야 하는 거지. 만일 형이 아이들을 좋아하고 가르치는 게 기쁘다면 선생님이 될 수도 있고, 글 쓰는 일을 좋아한다면 책을 통해 그 비전을 추구할 수도 있겠지. 사업에 재능이 있다면 돈을 벌어서 청소년 교육 단체를 후원할 수도 있고. 하지만 형은 우선 아이들을 직접 만나서 이야기를 들어주고 변할 수 있는 방법을 알려주고 싶다는 생각을 했어."

그 말에 홍민이가 고개를 끄덕였다.

"음… 저도 그래요. 내 꿈을 위해서는 앞으로 무엇을 해야 할까 생각했거든요. 지금은 도서관을 설립하는 NGO밖에 생각나는 게 없지만 그것 말고도 많은 방법이 있겠죠?"

홍민이가 물었다.

"물론이지. 예를 들어 요즘은 많은 기업체들이 사회 공헌에 참여하고 있어. 일반 기업에 들어가서 도서관 건립 사업을 벌여도 되고, 공무원이 돼서 원조 프로그램을 설계할 수도 있어. 다시 말해 비전을 추구하는 길은 다양해. 자기 특성과 자질에 따라서 그 방법을 조정해나가면 되는 거야. 꿈을 이루려면 어른들이나 사회에서 은연중에 정해놓은 길 외에도 많은 방법이 있는 셈이지.”

나는 형의 말을 듣고 잠시 생각에 잠겼다. 그러고는 내 노트에 적어 온 글귀들을 몰래 펼쳐보았다. 거기에는 “아직은 잘 모르겠다. 다만 아빠처럼 군인이 되고 싶지는 않아”라고 쓰여 있었다. 그걸 보자 구체적으로 꿈을 밝힌 홍민이에 비해 부끄럽다는 기분이 들었다. 하지만 이건 내 진심이기도 했다. 나는 불과 3주 전만 해도 미래에 대해 생각해본 적이 없었다. 그래서인지 정말로 내가 무엇을 하고 싶은지 알 수가 없었다.

슬쩍 옆을 보니 승재도 시무룩한 표정이었다. 우리 마음을 읽었는지 형이 금방 말을 이었다.

“지훈이나 승재도 마찬가지다. 지금부터 생각해도 일이 년이면 너희가 하고 싶은 일의 윤곽을 그릴 수 있을 거라고 믿어.”

그 말에 승재의 얼굴이 금방 밝아졌다.

"여기서 한 가지만 더 생각해볼까? 세계에서 손에 꼽히는 명문대인 하버드 경영대학원에서 흥미로운 실험을 했어. 졸업생들을 대상으로 목표 설정이 얼마나 큰 힘을 발휘하는지를 알아본 거지."

형이 계속해서 말했다.

"학교 다닐 때 뚜렷한 목표와 구체적인 계획을 세운 학생은 전체의 3%였어. 반면 목표는 분명했지만 구체적인 계획이 없는 사람들은 13%였고. 나머지 74%는 목표도, 뚜렷한 계획도 없었지. 실험자들은 이들이 졸업한 다음에도 어떤 삶을 살고 소득은 얼마나 되는지 치밀하게 조사했어. 어떤 통계 결과가 나왔을까?"

"하버드 대학을 나왔는데 전부 잘살고 있지 않았을까요? 헤헤."

승재의 말에 형은 고개를 저었다.

"실제로 조사를 해보니 목표와 계획이 뚜렷했던 3%는 나머지 사람들에 비해 훨씬 많은 수입을 올렸어. 무려 10배가 넘는 경우도 있었지. 13%의 사람들은 나머지에 비해 2배가 넘는 소득을 올렸고. 물론 나도 돈이 성공의 척도라는 의견에는 반대해.

하지만 자본주의 사회에서 소득 수준이란 그 사람의 능력과 직결되는 경우가 많지. 돈이 전부는 아니지만 한 사람의 열정의 크기를 보여주는 하나의 지표가 될 수는 있거든."

승재가 고개를 끄덕였다.

"응, 신기해요. 목표와 계획이 있다는 것만으로도 이렇게 차이가 나잖아요."

승재가 놀란 목소리로 말했다. 형이 연이어 질문을 던졌다.

"그렇지. 생각해봐. 과연 목표를 정확히 설정한 이들이 10배 이상 얻은 것이 단지 소득뿐이었을까? 소득은 객관적인 하나의 데이터일 뿐이야. 다시 말해 이들은 목표 설정의 힘 덕분에 수입이 아닌 다른 삶의 요소들에도 엄청난 영향을 받았을 거야."

형이 문득 홍민이를 바라보며 물었다.

"그러면 3개월 먼저 수업을 시작한 홍민이한테 물어보자. 홍민이는 지난 3개월 동안 느낀 게 많았을 거야. 예전 생활들도 나름대로 즐거웠을 텐데 너는 왜 그걸 포기했지?"

홍민이는 살짝 얼굴을 붉히더니 천천히 이야기를 시작했다.

"즐겁긴 했지만… 그렇게 몇 년이 지나면 곧 후회할 것 같았어요. 그리고 지금의 내가 옛날의 나보다 좋아요. 사실 만날 게임

하고 수업 시간에 딴짓하고 놀면서도 '이래도 되나?' 하는 불안

감이 많았거든요. 이제는 매일매일 계획한 것을 마치면 뿌듯

한 마음도 들고, 하루하루 성장하는 것 같아서 기뻐요."

나는 홍민이의 표정과 말투에서 진심을 느낄 수 있었다. 동시

에 '도대체 홍민이는 어떤 즐거움을 느끼고 있는 걸까?' 하는

생각이 들었다.

사실 얼마 전까지만 해도 홍민이가 부럽기도 하고 질투가 났

다. 그래서 홍민이에게 못되게 굴었던 거다. 그런데 자존심 때

문인지 그걸 말할 수는 없었다. 하지만 이제는 인정해야 할 것

같았다. 마침 그때 형이 내 마음을 알아챈 것처럼 이야기를 시

작했다.

"청소년기가 되면 우리는 키도 크고 덩치도 좋아져. 몸뿐만 아

니라 지적인 면에서도 마찬가지야. 호기심이 왕성해지고 감수

성도 풍부해지지. 바로 우리가 성장할 수 있는 최고의 시기라

고 할 수 있어. 이때를 놓치면 성장하기가 정말 어려워져. 다

들 초콜릿 좋아하지?"

"네!"

승재는 말만 들어도 좋은지 헤헤 웃으며 대답했다.

"그래. 하지만 아무리 초콜릿을 좋아하는 승재라도 하루 종일 초콜릿만 먹으며 살 수 있을까? 게임이나 노는 일만 즐기는 건 세 끼를 초콜릿만 먹는 것과 같아. 우리의 가능성과 지적인 능력이 영양실조에 걸려버리지. 초콜릿이 제일 맛있는 순간은 간식으로 먹을 때야. 성장하려면 간식을 먹기 전에 영양 섭취부터 충분히 해야겠지?"

우리는 고개를 끄덕였다.

"홍민이 말처럼 목표를 향해 나아가고, 하루하루 성장하는 즐거움은 게임이나 TV를 통해 얻는 즐거움보다 훨씬 커. 게임이 인스턴트라고 하면 진짜 성장을 위해 나아가는 일은 맛있는 요리를 먹는 것과 같아. 요리를 하려면 시간도 걸리고, 준비할 것도 많지만 그만큼 더 큰 성취를 얻을 수 있는 거지."

나는 심호흡을 했다. 나도 홍민이가 느낀 즐거움을 맛보고 싶다는 생각이 내 안에서 조금씩 고개를 들었다. 갑자기 가슴이 두근거리기 시작했다. 얼른 앞에 놓인 주스를 마셨는데도 마음속의 열기는 가라앉질 않았다.

종이에 쓰면 기적이 이루어진다

"그런데 말이지, 하버드 졸업생들의 이야기에서 목표 설정을
한 그룹에는 한 가지 특징이 있었어. 과연 그게 뭘까?"
형은 싱글싱글 웃으며 우리를 바라보았다. 우리는 서로 얼굴
을 바라볼 뿐이었다.
"바로 지금 너희들이 한 것. 그 목표를 노트나 종이에 직접 썼
다는 거야."
그 말에 우리 셋은 동시에 자신의 노트를 펼쳐보았다. 홍민이
는 흐뭇한 미소를 짓고 있었다. 형이 우리 표정을 읽고는 고
개를 끄덕였다.
"물론 목표를 적는다는 건 쉽지 않은 일이야. 그렇게 해서 목
표를 주위에 알리면 약속을 지켜야 한다는 부담이 되니까. 그
런데 그게 바로 연필로 적는 일의 힘이야. 그냥 생각만 할 때는
별다른 느낌이 없다가도 일단 그것을 정리해서 적으면 눈으로
보고 기억하게 되지. 그 말을 꼭 지켜야 한다는 느낌 때문에 방
법을 강구하고 행동하게 되고. 예를 들면 말이다…."
형이 한참 무언가를 생각하더니 손바닥을 딱 치면서 말했다.

"너희들, 버스나 지하철을 타고 정신없이 졸다가도 내려야 할
역이 되면 퍼뜩 깨어나게 되지?"

"승재 빼고요."

홍민이가 킥킥 웃었다. 승재는 한 번 잠들면 깨어날 줄을 몰
랐기 때문이다.

"음, 승재는 정말로 느긋한 성격이군. 대부분의 사람들은 아주
피곤할 때를 빼고는 내려야 할 역을 잘 놓치지 않거든."

형이 빙긋 웃고는 다시 말을 시작했다.

"그런데 우리가 그럴 수 있는 건 바로 뇌에 그 일을 해주는 시스
템이 있어서야. 바로 망상 활성화 시스템이라는 거다."

"네? 망상 뭐라고요?"

우리는 어려운 단어가 나오자 머리를 긁적였다.

"망상 활성화를 쉽게 말하면, 자신이 중요하다고 생각하는 부
분과 관련된 정보를 무의식중에 흡수하는 거지. '종로3가에서
내려야지' 하면 나도 모르게 그걸 기억해서 안내 멘트가 나올
때 깨어나는 거야. 그렇다면 목표는 어떨까? 목표를 종이에 적
으면 어떤 일이 일어날까?"

형은 장난스러운 표정으로 물었다. 승재가 냉큼 손을 들고 대

답했다.

"아! 알겠어요. 뇌가 그 목표를 계속해서 떠올려요!"

"바로 그거다."

형이 웃으며 이야기했다.

"목표를 기록하면 자신도 모르는 사이에 관련된 정보들을 흡수하고, 그 목표를 이루기 위한 행동을 시작하게 되지. 대학에 입학한 다음에 우연히 고등학교 때 교과서를 훑어보다가 놀랍게도 이걸 발견했어."

형이 낡은 음악 교과서를 펼쳐 보였다.

고1 : 전교 5등

고2 : 전교 3등, 반장 당선, 부회장 당선

고3 : 전교 1등, 반장 당선, 회장 당선, 서울대 심리학과 입학

20세 : 장학생 선발

23세 : 서울대 조기 졸업, 공군 장교 입대

27세 : 전역

29세 : 하버드 MBA 진학

31세 : 하버드 MBA 졸업, 심리학 도서 저술 시작

"이거 진짜 형이 적은 거예요?"

홍민이가 묻자 형은 고개를 끄덕였다.

"응, 음악시간에 교과서 뒤 페이지 안쪽에 장난 반 진심 반으로 쓴 거지. 이걸 쓴 중학교 2학년 때 우연찮게 심리학에 관심을 가졌는데 그때 알게 된 유명 인사들의 이력을 바탕으로 한 번 써본 거야."

"우아, 아직까지 그런 걸 가지고 있어요?"

내가 신기하다는 듯 형을 쳐다봤다.

"나도 한동안 잊고 지내다가 대학에 입학하고 나서 교과서를 정리하다 우연히 발견했지. 그런데 중요한 건 놀랍게도 이 중에서 많은 것이 이루어졌다는 거야. 혹시 '뇌는 상상과 현실을 구분하지 못한다'는 말 들어봤니?"

"그거 이미지 트레이닝인가 하는 말 아니에요?"

예상 밖으로 승재가 쉽게 답하자 우리가 "우아!" 하며 승재를 돌아보았다.

"맞아, 바로 이미지 트레이닝과 비슷한 거야. 우리 뇌에는 생생하게 떠올린 상상을 현실로 인식하는 기능이 있어. 스노보드 선수 이야기를 하나 해줄게. 그 선수는 경기 때마다 좋은 성적을 내는 유망주였는데, 대회 출전을 두 달 앞두고 고난도 기술을 연습하다가 부상을 당했어. 결국 병원에서 6주 정도 치료를 받아야 한다는 진단을 받았지.”

“그럼 대회는요?”

우리가 동시에 말했다.

“주변에서는 대회를 포기하라고 만류했지만 이 선수는 그러지 않았어. 대회를 출전하기로 결심한 거지. 그런데 회복을 해도 대회까지는 2주 정도밖에 안 남잖아? 꼼짝없이 병상에 누워 있던 이 선수는 그날부터 몸이 아닌 머릿속으로 훈련을 시작했어. 대회가 열리는 날의 환호, 날씨, 풍경, 점프대 등을 세세하게 떠올리면서 몇 번이고 머릿속에서 스노보드를 타고 점프를 했지. 자기가 기술을 완벽하게 성공시키는 상상을 계속해서 한 거야. 퇴원 2주 뒤에 치른 대회에서 어떻게 되었을까?”

우리는 뻔한 질문이라는 표정을 지으며 “당연히 우승했겠죠, 뭐.” 하고 대답했다.

“하하. 그래.”

형은 고개를 끄덕이며 크게 웃었다.

"그는 멋지게 기술을 성공시킨 뒤 우승을 차지했어. 어떻게 그럴 수 있었을까? 생각해봐. 병상에서나마 경기장과 경기 모습을 생생히 떠올리다 보니 몸이 그걸 기억하게 된 거야. 공부나 직업도 마찬가지야. 대학에 가기 전에 가고자 하는 대학을 직접 방문해보거나, 어떤 직업을 원할 때 그 분야의 사람을 직접 만나보는 건 의외로 큰 도움이 돼. 그 전까지는 추상적으로 남아 있던 공상을 실제의 느낌과 경험으로 생생하게 되살려주거든."

형의 말을 곰곰이 돌이켜보니 홍민이가 형과 대학 탐방을 다녀와서 자랑을 늘어놓던 기억이 났다. 자기가 다녀온 교정의 풍경이 너무 생생하다면서 꼭 그 대학을 가겠다고 말했다.
'홍민이 녀석, 이런 식으로 준비해나가고 있었던 거구나.'
한동안 가만히 있던 승재가 말했다.
"참, 형도 대학 가기 전에 목표로 잡은 대학 지도랑 단과대학 건물 사진을 출력해서 벽에 붙여놓았다고 했잖아요?"
형은 웃으며 고개를 끄덕였다.

"굉장히 단순한 작업이었지만 그 사진이 수험생활 동안 내게 많은 힘을 주었지. 공부하다가 지치거나 힘이 들면 그 지도와 사진을 바라보면서 힘을 얻곤 했거든. 홍민이도 비슷할걸? 어때, 홍민아. 승재랑 지훈이에게 그때 느꼈던 걸 얘기해볼래?"

홍민이는 수줍은 듯이 한동안 머뭇거리다가 말을 꺼냈다.

"캠퍼스 교정을 걷는데 기분이 이상했어. 꼭 내가 그 학교 학생이 된 것 같았거든. 나도 모르게 저절로 꼭 이곳에 오겠다고 생각하고 있는거야. 게임도 노는 것도 다 좋지만, 공부는 지금 하지 않으면 나중에 정말 후회할 것 같더라고. 양쪽을 저울질 해보니 지금 열심히 해야겠다는 확신이 들었지. 아직도 그때 느낌이 생생해. 그 뒤부터 힘들거나 지치면 학교의 모습과 느낌을 떠올리게 됐어."

그 말을 듣는 내 기분이 더 이상한 것 같았다. 늘 곁에 있던 홍민이의 말이 갑자기 파장을 가지고 마음을 울리는 기분이었다.

"야, 김홍민! 멋지다."

승재가 손가락으로 홍민이의 옆구리를 쿡 찔렀다. 그러자 홍민이는 쑥스러운지 배시시 웃었다. 그 모습을 바라보던 형이 다시 말을 꺼냈다.

"자, 이번에는 대학교 방문에 그치지 말고, 한 단계 더 나아가 보자. 대학교 수업을 한번 들어보는 건 어떨까? 굉장히 색다른 경험이 될 거야."

형은 아무렇지도 않게 말했지만 대학교 수업이라니 사실 우리에겐 너무나 낯선 이야기였다.

"그 학교 학생도 아닌데, 수업을 들을 수 있어요?"

"원칙적으론 안 되지만, 교수님의 허락을 받으면 가능하지. 자, 힌트는 여기까지. 일단 먹고 이야기하자."

추가로 주문한 음식이 나오고 우리는 다시 분주하게 젓가락질을 시작했지만 내 머릿속은 조금 복잡해졌다.

'대학교 수업을 들으라고? 어떻게?'

그런 내 모습을 바라보며 형이 싱긋 웃고 있었다.

* * *

"으으, 대학교 수업 듣는 거 왠지 무서워."

승재가 몸서리를 쳤다. 그때 홍민이가 승재의 목을 졸랐다.

"일단 가보기나 하자. 대학생 누나들이 우릴 보면 얼마나 귀여워하겠냐? 밤톨 같은 중학생들 왔다고."

"밤톨도 밤톨 나름이지, 우리 같은 밤톨을 뭐하냐? 구워 먹지도 못하고."

나는 우유를 마저 쭉 마신 뒤 홍민이를 바라보았다.

"그래도 한번 해보자. 교수님한테 얘기해보면 되잖아."

"야. 선생님도 저렇게 무서운데 교수님은 얼마나 무섭겠냐? 난 싫어! 무섭단 말야!"

내가 손사래를 치자 홍민이가 씨익 웃었다.

"숙제 안 해 가면 형이 레이저 빔으로 우주 밖으로 날려버린댔어. 흐흐."

그때 홍민이가 "짠!" 하고 무언가를 꺼냈다.

"형이 힌트를 줬어. 옛날에 다른 중학생 제자들이 이분께 메일을 드려서 대학교 수업을 들은 적이 있었대. 이 교수님이 허락하셨다고 하던데?"

순간 다른 말보다 '다른 중학생 제자들'이라는 말이 신경 쓰였다.

"어, 병훈 형 혹시 기업형 과외 선생인 거야?"

내가 심사가 뒤틀린 듯이 말하자 홍민이가 웃었다.

"학기마다 과외 선생님 갈아치우는 우리는 어떻고?"

그러고 보니 사실 할 말이 없었다. 나도 작년까지만 해도 고모 성화에 못 이겨 여러 과외 선생님과 공부를 했다. 올해부터는 고집을 부려 그만두었지만 말이다.

"좋아! 메일은 지훈이 네가 보내라."

"아, 됐어! 난 그런 거 못 해."

"형이 메일 보낸 사람한테 특별상 준댔는데?"

홍민이가 메일 주소를 날름 주머니에 넣어버렸다. 순간 내가 후닥닥 홍민이의 주머니를 붙잡았다.

"무슨 상?"

"글쎄, 중간고사 족집게 답안지 같은 거?"

그 말에 승재도 나도 홍민이에게 달려들어 쪽지를 우당탕 빼앗기 시작했다. 우리는 봄 햇살이 내린 운동장 스탠드에서 신나게 엎치락뒤치락했다.

+ 용기로 움직이는 습관 +

펭귄, 하늘을 달리다

족집게 답안지라는 말에 혹해서 주소를 받아 들고 오긴 했는데 걱정이 태산이었다.

'아휴, 괜히 이걸 맡아서 고생이야. 진짜 답장이 올까? 뭐라고 쓰지?'

편지라고는 어렸을 때 어버이날에 써본 게 전부였다. 집에 돌아오니 아빠가 일찍 오셨는지 설거지를 하고 계셨다. 아빠는 "어어, 왔냐?" 하고는 계속 콧노래를 부르며 달그락달그락 그릇을 닦으셨다.

나는 냉장고에서 바나나우유 하나를 꺼내서 방으로 들어갔다. 먼저 컴퓨터를 켜고 쪽지에 적힌 주소부터 찾아보았다. 형이 적어준 대로 심리학을 가르치는 교수님 홈페이지가 떴다.

하나씩 열어보니 강의 소개와 함께 교수님의 메일 주소가 나왔다. 그런데 날짜를 살피다가 이상한 점을 발견했다. 수업 시간이 월요일과 수요일 두 번밖에 없었다. 이럴 수가! 우리는 중학생이다! 평일 오후에 대체 무슨 수로 빠져나간담?

나는 속으로 '아싸!' 하면서 주먹을 불끈 쥐었다. 잘하면 숙제를 안 해도 되겠다는 생각이 들었다. 나는 서둘러 홍민이에게 모른 척 전화를 걸었다. 그러고는 새삼 놀란 듯이 말했다.

"어휴, 어떡하지? 우리가 깜빡한 게 있었네."

"뭔데?"

"아, 꼭 듣고 싶었는데 이 수업, 평일밖에 안 한대. 우리는 그 시간에 학교 수업을 들어야 하잖아. 그렇지?"

그때 홍민이의 '흐흐'하는 웃음소리가 수화기 너머로 들렸다. 뭔가 불길했다.

"다음 주 수요일 개교기념일, 학교 쉬잖아."

그 말에 나는 수화기를 떨어뜨릴 뻔했다. 하긴 형이 어떤 사람인데 그걸 놓쳤을까 싶었다. 나는 맥없이 "알았어. 메일 쓰면 될 거 아냐"라고 퉁명스럽게 말하고는 전화를 끊어버렸다.

일단 부딪치면 두려움은 절반으로 준다

밖에서 "저녁 먹어라! 지훈아!" 하는 소리가 들렸다. 나는 모니터에 깜빡이는 커서를 남겨두고 한숨을 푹 쉬며 밖으로 나갔다.

아빠는 카레를 한 냄비 끓이셨다. 온 집안이 카레 냄새로 가득 했다. 아빠는 김이 오르는 하얀 밥에 카레를 덮어서 건네며 물으셨다.

"요즘 바쁜 모양이네? 얼굴 보기가 왜 이렇게 힘들어."

"아빠, 나 요즘 특별훈련 중이야."

"어? 나 말고 또 누가!"

군인이신 아빠는 내가 어릴 때부터 훈련을 많이도 시키셨다. 블록으로 집 쌓기 특별훈련, 마당에서 숨바꼭질하는 유격훈련, 맛있는 음식을 참았다가 먹는 정신훈련, 우리 집에는 온갖 게임 같은 훈련들이 넘쳐났다.

아빠는 내가 훈련을 잘 마치면 색종이로 만든 훈장을 주셨는데, 아마 옷장 맨 위 칸을 뒤지면 아직도 그때 모아둔 훈장들이 남아 있을 거다.

“친구 형한테 우등생 되는 습관 만들기 특별훈련 받고 있어.”

“오, 대단한 형이구나. 지훈이 같은 고집불통을 훈련시키려면 훈장이 열 개는 있어야 할 텐데.”

아빠가 웃었다. 나는 아빠를 가만히 바라보았다.

“아빠는 내가 군인이 됐으면 좋겠어요?”

그 말에 아빠도 나를 빤히 바라보았다.

“아니? 꼭 그런 건 아닌데?”

“거짓말.”

나는 다시 숟가락으로 카레를 뒤적이기 시작했다.

“어릴 때부터 꼭 ‘아빠보다 훌륭한 장군 돼라!’ 이러셨잖아요.”

“하하, 그거야 남자는 다 장군이라고 부르니까 그런 거지.”

나는 아빠가 거짓말을 하고 있다고 생각했다. 아빠는 자신이 군인이라는 걸 항상 자부심 넘쳐 하셨다. 또 내가 아빠 뒤를 이어 훌륭한 군인이 되기를 바라셨다. 그래서 나는 어릴 때부터 군인이 나오는 TV 프로그램은 죄다 보곤 했다. 심지어 〈우정의 무대〉도 봤다. 하지만 엄마가 돌아가시면서 아빠는 웃음을 잃었다. “우리 장군님!” 하던 농담도 더는 하지 않으셨다.

“지훈아, 아빠는 네가 꼭 군인이 되지 않아도 좋아.”

그 말에 갑자기 화가 났다.

"지금까지 군인 되라고 해놓고선."

"그러니까 그 특별훈련하는 형과 이야기를 많이 나눠봐. 그 형이 나보다 더 많은 걸 알려줄 수 있지 않을까?"

눈가의 주름을 접으며 웃는 아빠는 왠지 자신이 없어 보였다. 그런 아빠를 보니 화가 나면서도 울컥하는 기분이 들었다. 나는 우물대면서 말했다.

"아빠는 편지 잘 써?"

"당연하지! 네 엄마랑 3년 넘게 편지를 주고받았는데….”

"그럼 편지 쓰는 것 좀 도와주세요."

내가 고개를 푹 숙이면서 말하자 아빠가 멍하니 나를 바라보았다.

"응? 무슨 편지?"

"아빠가 잘 쓰는 연애편지."

✉ 교수님께

안녕하십니까? 이른 봄 황사에도 학생 제군들을 가르치시느라 노고가 많으시지요. 저는 ○○중학교에 다니고 있는 이지훈이라고 합니다. 저는 오래전부터 한없는 우주와 같은 인간의 심리에 대해 관심이 많았습니다. 그래서 서울대학교를 방문하려고 하는데, 그 참에 대학교 수업도 한번 들어보라고 주변에서 추천을 해주었습니다. 제가 평상시부터 심리학에 관심이 많았거든요. 이번 기회를 통해 교수님의 수업을 듣고, 심리학자로서의 꿈을 길러나가고 싶습니다. 저희가 4월 2일이 개교기념일인데요, 그때 방문해도 괜찮을까요? 교수님의 수업을 꼭 듣고 싶습니다.

○○중학교 3학년 이지훈 드림

아빠는 마지막 문장을 쓰고 나더니 '흐음' 하면서 몇 번을 읽어본 다음 내게 건네주셨다.
"자, 어떠냐? 한번 읽어볼 테냐?"
나는 아빠가 몇 번이나 고쳐 쓴 편지를 찬찬히 읽어보았다. 나도 모르게 탄성이 터져 나왔다.
"우아, 아빠! 진짜 잘 지어냈어요! 내가 심리학자가 꿈이었어요? 으하하! 아빠가 이렇게 편지 잘 쓰는지 처음 알았어."
그 말에 아빠가 웃었다. 나는 서둘러 아빠가 쓴 편지를 메일에 옮기기 시작했다. 그리고 몇 번 주춤대다가 눈을 딱 감고 전송 버튼을 눌렀다.

"그런데 아빠, 있잖아요."

내가 걱정스럽게 아빠를 바라보며 물었다.

"답장 안 오면 어떡해?"

그러자 아빠는 양 주먹을 꽉 쥐어 보이며 말했다.

"모 아니면 도. 안 오면 그만인 거다."

아빠와 나는 마주보고 싱긋 웃었다.

그날부터 나는 학교에서도 집에서도 수시로 메일함을 열어보았다. 답장이 안 오면 그만이라고 생각은 했지만 그래놓고 자꾸자꾸 메일함을 열고 있었다. 이틀이 지났을까. 이른 아침 함께 밥을 먹던 아빠가 내 표정을 살피며 말했다.

"마음을 비워야 좋은 일도 생기는 거다. 분명히 좋은 결과가 있을 거야."

아빠 눈에도 내가 안절부절못하는 게 보였던 것이다. 수요일에도, 목요일에도 메일함을 열어봤지만 스팸 메일뿐이었다.

'휴, 이러다 개교기념일 지나가겠다. 하긴 대학 교수님이 중학

생 메일에 왜 관심을 기울이겠어.'

맥이 쭉 빠져서 학교에서 돌아온 나를 보고 아빠가 말했다.

"메일 주소랑 비밀번호 알려줘 봐. 너 쉬는 동안 아빠가 확인해줄게."

나는 포스트잇에 아이디와 비밀번호를 적어 아빠에게 주고 방으로 들어와 침대에 누웠다.

'괜히 기대만 했잖아. 에잇, 잠이나 좀 자야지.'

한동안 뒤척이다 겨우 잠이 들려고 할 때였다. 아빠가 방문을 벌컥 열고는 나를 흔들어 깨웠다. 나는 아빠에게 짜증을 부렸다.

"아빠, 오늘은 조금 쉬었다 공부할게요. 저 피곤해요."

그러자 아빠가 나를 끌어안으며 소리쳤다.

"지훈아, 얼른 일어나봐. 편지 왔어!"

순간 내 귀를 의심했다.

"정말?"

나는 이불을 박차고 얼마 전부터 거실로 옮겨놓은 컴퓨터로 뛰어나갔다. 진짜였다. 진짜로 교수님의 편지가 도착해 있었다.

반가워요, 지훈 학생. 답장이 좀 늦었지요? 강의 일정을 다시 짜야 할 일이 생겨서 확답하기가 어려웠어요. 벌써부터 본인의 진로에 대해 생각하고 적극적으로 탐구하는 모습이 매우 인상 깊습니다. 관심과 열의가 있는 학생에게 제 연구실과 교실 문은 항상 열려 있습니다. 학생을 4월 2일 수업에 초대합니다. 수업 시간은 1시부터이니 미리 와서 준비하기 바랍니다. 4월 2일에 봅시다.

서울대학교 ○○○드림

"아빠! 진짜 왔어! 진짜 편지 왔어! 교수님이 진짜 편지 보내줬어!"

나는 크게 소리치며 아빠를 끌어안았다.

"그래, 우리 지훈이가 서울대를 다 가보게 됐구나!"

아빠는 입이 귀에 걸려 덩실덩실 춤까지 추고 계셨다. 나도 아빠와 함께 거실에서 깡충깡충 뛰었다. 기분이 날아오를 것 같았다. 아빠가 이렇게 좋아하고 기뻐하는 모습을 보는 것도 오랜만이었다. 우리 부자가 덩실덩실 춤을 추는 사이 독서실에 갈 시간이 다 되었다. 나는 잽싸게 가방을 챙겼다.

"아빠! 홍민이랑 승재 만나고 올게요. 가서 인생 공부 열심히 하고 오겠습니다."

나는 신이 나서 아빠에게 인사를 하고 재빨리 문을 닫았다. 얼른 가서 홍민이와 승재에게 이 사실을 알려주고 싶었다.

눈으로 보고 귀로 듣는 시간이 중요해

서울대입구역을 나서니 긴 줄이 늘어서 있었다.

"형, 이 줄은 뭐예요? 서울대에서 유명하다는 그 와플 집 줄?"

"하하, 와플 집은 학교 안에 있어. 학교에 들어가려면 우리도 이 줄에 서야 돼. 너희들 서울대 3대 바보 얘기 들어봤어?"

"3대 바보요? 형 얘긴가? 헤헤."

형은 내 머리를 콩 쥐어박았다.

"음, 첫째는 말이다. 서울대 축제에 여자 친구 데리고 오는 사람. 그만큼 서울대 축제가 재미없다는 뜻이지. 둘째, 고등학교 때 자기가 전교 1등이었다고 자랑하는 사람."

"우우, 고등학교 때 다들 전교 1등 해봤다는 거죠?"

"그렇지."

형이 자랑스러운 얼굴로 싱긋 웃었다.

"그리고 세 번째 바보는 서울대입구역에서 서울대까지 걸어가
는 사람이야. 엄청 멀거든."

곧이어 버스가 도착했는데 사람들을 가득 채운 다음에야 출발
했다. 얼마 뒤 도착한 서울대는 생각했던 것보다 훨씬 더 넓었
다. 버스 밖으로 보이는 건물과 운동장의 모습이 시원시원했
다. 홍민이, 승재와 나란히 교문으로 들어서는데 영화에서만
보던 대학교 캠퍼스 안으로 내가 걸어 들어가고 있다는 사실
이 잘 실감 나지 않았다. 식당에서 강의실까지 연결된 길에는
양 옆으로 벚나무가 길게 늘어서 있었고, 바람이 불 때마다 꽃
잎이 조금씩 흩날리고 있었다. 나는 하늘과 주변의 경관을 훑
어보았다. 그때 승재가 형을 바라보며 말했다.

"형, 홍민이가 대학 방문했을 때 어떤 느낌을 받았을지 이제
저도 알 것 같아요. 뭔가 공기가 달라요. 내가 똑똑한 사람이
된 것 같아요."

그 말에 형이 씩 웃었다.

"그래, 바로 그 느낌을 잘 간직하는 게 중요해. 강렬하게 느꼈던 무언가가 긴 수험생활을 이끄는 데 큰 힘으로 작용하게 되거든. 지금부터 보고 듣고 느끼는 걸 마음속 사진으로 깊이 간직하면 좋을 거다."

"그런데요, 형."

승재가 장난스럽게 웃으면서 말했다.

"생각보다 예쁜 누나들이 많아서 좋은데요? 왜 난 서울대엔 다 형 같은 사람들만 있다고 생각했지?"

"어허, 글쎄다. 믿을지 모르겠다만."

형이 슬쩍 승재를 바라보더니 안경을 쓱 올렸다.

"나도 신입생 때는 킹카였거든."

형이 '흠흠' 헛기침을 하면서 뒷짐을 지고 앞서 걸어나갔다. 그 모습을 보며 우리 셋은 연신 킥킥댔다. 그렇게 앞서거니 뒤서거니 교정을 지나 우리는 드디어 강의실에 도착했다.

수업이 시작되는 1시까지 아직 10분 정도가 남아 있었다. 강의실은 그다지 크지 않았고 형과 누나들 30명 정도가 벌써 자리를 잡고 있었다. 우리가 들어서자 다들 어리둥절해 하며 신기하다는 표정으로 웅성대기 시작했다. 우리는 그 시선이 부담스러워서 고개를 푹 숙인 채 조용히 있었지만, 형이 성큼성큼 들어가더니 자리를 잡아주었다. 시간이 얼마나 흘렀을까. 드디어 교수님이 들어오셨다!

"가서 인사드리자. 자, 다들 어깨 펴고."

형이 먼저 자리에서 일어났지만 우리는 우리에게 집중될 시선이 두려워 앞으로 나가기를 주저했다. 자리에서 못 일어나고 미적대는데 교수님의 시선은 이미 우리를 향해 있었다.

"거기, 그 학생들 맞나?"

교수님이 외투를 벗어 탁자 위에 올려놓으며 우리를 바라보았다. 그때 승재가 내 옆구리를 마구 찔러댔다.

"야, 네가 메일 썼잖아. 빨리 대답해."

등에서 식은땀이 흘렀지만 나는 어쩔 수 없이 병훈 형과 함께 엉거주춤 일어섰다.

"교수님, 안녕하세요. 저기, 메일 드렸던 중학생 이지훈입니다."

순간 학생들 사이에서 탄성이 터져 나왔다. 중학생이 대학교 강의실을 찾아오다니 대단하다고 생각하는 건지 기막혀 하는 건지는 알 수 없었다.

"반가워요. 오늘 수업 잘 듣고 이따 잠깐 얼굴 보고 가지. 그리고 이병훈 군 오랜만일세.”

우리는 깜짝 놀랐다. 형은 미소를 짓더니 허리를 크게 숙여서 교수님께 인사를 드렸다.

“네, 선생님. 미리 못 찾아뵈어서 죄송합니다. 얼마 전에 다시 돌아왔어요.”

“그럼 자네도 이따가 같이 보도록 하지. 그럼 수업 시작합시다.”

교수님은 먼저 찬찬히 학생들을 둘러본 다음 내가 메일을 보낸 이야기를 하시며 용기 있는 중학생이었다고 칭찬하셨다. 수업을 듣는 형과 누나들이 우리를 보며 박수를 쳐주었다. 부끄럽기도 했지만 이렇게 주목을 받는다는 것만으로도 기분이 날아갈 것 같았다.

그렇게 수업이 시작되었다. 처음에 ‘너무 어렵지 않을까? 계속 졸다 나오는 건 아닐까?’ 했던 우려는 금방 사라졌다.

그날의 주제는 ‘체인지(change) 대화법’이라는 것이었다. 체인지 대화법은 일상생활 속에서 자신과 타인을 진정으로 수용할 수 있는 자세를 기르고, 마음에서 우러나는 대화를 주고받을 수 있게 도와주는 것이었다. 수업 내용은 실제 사례를 중심으로 진행되었다.

교수님이 재미있는 예를 많이 말씀해주셨는데 그걸 듣고 있으니 평소 아빠나 고모와 하던 대화들이 자꾸 떠올랐다. 언젠가부터 고모나 아빠와 이야기하는 걸 어렵게 느끼기 시작했다. 가만히 생각해보니 나 역시 고모나 아빠가 어떤 마음으로 어떻게 생활하시는지 이해해보려고 노력하지 않은 것 같았다.

수업 중간에 실습 시간이 주어졌다. 새로 배운 대화법으로 승재, 홍민이와 이야기를 나누는 것이었다. 우리는 제법 진지하게 말을 주고받았다. 주변을 둘러보니 형과 누나들도 한창 연습 중이었다.

대학교 수업이라 엄청 딱딱하고 수준 높을 줄 알았는데 이렇게 쉽게 이해할 수 있다는 것도 신기했다. 그리고 열심히 수업에 참여하고, 발표하는 대학생 형, 누나들을 보니 나도 저렇게 되고 싶다는 생각이 들었다. 그때 형이 우리 쪽을 보며 속삭였다.

"어때? 생각만큼 어렵진 않지?"

"네. 지금 당장 대학교에 들어와도 되겠어요."

승재가 의기양양하게 말하자 형이 싱긋 웃었다.

"다행히 이 수업은 신입생을 대상으로 한 교양 수업이라서 더 그럴 거야. 전공 수업 들어가면 정신이 번쩍 들걸? 그래도 대학교 수업이 무서웠던 건 많이 없어진 거 같은데, 어때?"

"네, 영화에서 보면 복잡한 수학 공식이 나오고, 그런 이미지만 생각났는데 그렇게 어렵지 않았어요."

"좋아. 그런 느낌을 받은 것만으로도 오늘의 목표는 120% 달성한 거다."

얼마 후 수업이 끝나자 모두들 가방을 챙겨 나가느라 분주했다. 형은 우리를 데리고 앞으로 나가 교수님께 인사드렸다. 교수님은 우리를 천천히 바라보시더니 흥미로운 표정으로 물으셨다.

"열심히 듣던데 다들 재미있었습니까?"

우리는 갑작스런 질문에 당황했지만 곧 침착하게 나란히 고개를 끄덕였다. 나는 용기를 내서 말했다.

"네, 선생님. 무척 재미있었어요. 저희가 원래 집중력이 없는데 이 수업은 정말 잘 들었습니다."

"어린 친구들이지만 열의가 느껴지는데요? 가능성이 많을 때

이니 열심히 공부하세요. 그리고 이병훈 군, 자네도 아직은 머리가 말랑말랑할 때니 공부 열심히 하게.”

교수님의 말에 모두들 웃고 말았다. 교수님도 같이 미소를 지으시고는 가방에서 볼펜을 세 자루 꺼내서 우리에게 하나씩 건네주면서 악수를 청하셨다.

“이건 우리 학과에서 나오는 기념품이라네. 이제 고 1이 된다고 하니 3년 뒤에 대학에 들어온다는 말인데, 그때 꼭 볼 수 있으면 좋겠군요.”

교수님이 건네주신 펜을 보니 ‘서울대학교 사회과학대학’이라고 쓰여 있었다. 그때 승재가 주섬주섬 노트를 꺼내더니 교수님께 내밀었다.

“참, 교수님! 사인 좀 해주세요.”

“사인이라니?”

교수님은 약간 놀라신 얼굴이었다. 연예인도 아닌 교수님께 사인해달라는 사람은 아마 승재가 처음일 것이다. 그래도 교수님은 즐거운 표정으로 사인을 해주셨다. 병훈 형은 교수님과 오랜만에 몇 분 정도 더 이야기를 나누겠다고 했다. 그래서 우리는 인사를 드린 뒤 먼저 강의실 밖으로 빠져나왔다.

“야, 교수님한테 무슨 사인이야?”

홍민이는 웃으며 승재에게 물었다.

“사인이 얼마나 중요한 건데? 글씨는 그 사람의 기운을 보여준다잖아. 난 저 교수님 정기를 받아서 꼭 서울대에 들어올 거거든. 이 종이는 책상 앞에 붙여두고 가보로 간직할 거고.”

종이에는 사인과 함께 ‘이승재 학생, 3년 뒤에 봅시다!’라고 쓰여 있었다. 그걸 보니 ‘나도 받을 걸’ 하는 생각이 들었다. 승재의 용기와 무모함이 부럽게 느껴지는 순간이었다.

네 머릿속에는 어떤 그림을 그렸어?

“어때? 서울대에서 수업까지 들어본 느낌이?”

형과 우리는 학교 밖으로 나와 햄버거 가게에 앉아 있었다. 햄버거를 한 입 베어 물다 말고 승재가 말했다.

“정말로 이곳 학생이 돼서 공부하고 싶다는 생각이 들었어요. 옆자리 형, 누나처럼 되고 싶다는 느낌이요.”

“홍민이는 어땠어?”

아까부터 말이 없던 홍민이가 한숨을 한번 내쉬고 말했다.

"음, 서울대에 와보니 연세대에 다녀온 게 생각나서요. 어느 쪽을 목표 대학으로 정할지 고민이에요. 서울대에게 마음을 주자니 제 첫사랑 연대가 아쉬워할 것 같아서."

순간 나는 먹던 콜라를 뿜었다.

"으하하, 웬 첫사랑이야? 그 대학들이 네 사랑을 받아주기나 한대?"

내가 빈정대자 홍민이가 입을 내밀고 나를 노려보았다. 형이 웃으며 우리를 진정시켰다.

"좋아. 자신감이 넘친다는 건 좋은 일이다. 사실 목표를 세우고 그걸 위해 성실히 노력하는 걸 누가 뭐라고 하겠어? 둘 중에 교풍이 더 잘 맞거나 장학금을 받을 수 있는 곳을 선택하는 거지. 중요한 건 목표가 조금 더 구체화되었다는 거다."

형이 다시 빙긋이 웃으며 우리를 둘러보았다.

"자, 오늘 방문한 대학의 분위기, 수업 시간에 받은 인상 같은 걸 주기적으로 떠올려봐. 그 기억과 이미지들이 너희가 열심히 공부하도록 이끄는 에너지가 될 테니까."

나는 고개를 끄덕였다.

"네, 전 대학생이 돼서 벚꽃 길을 거니는 모습을 계속 그려볼
거예요."

"저는 머릿속에 교수님께 수업 받은 모습을 저장해놨어요!"

홍민이가 이어서 말했다.

"나는 말이야, 예쁜 서울대 누나들의 모습을 떠올려야지."

승재가 음흉한 표정으로 말하자 우리는 못 말린다는 듯 승재
를 바라보았다.

"참, 형."

내가 눈을 반짝이면서 형을 바라보았다.

"특별상은 뭐 주실 건데요?"

나는 기대에 가득 찬 눈길로 형을 바라보았다.

"특별상? 무슨 특별상?"

형이 햄버거를 우물대며 나를 바라보았다. 순간 홍민이가 후
닥닥 자리에서 일어났다.

"아, 나 화장실 좀 다녀올게."

그 모습을 본 승재가 키득대며 웃었다.

"홍민이가 지훈이한테 메일 쓰게 하려고 형이 메일 쓴 사람한
테 특별상 줄 거라고 했거든요."

나는 잽싸게 도망치는 홍민이를 '뭐야, 저 자식' 하는 눈길로 바라보았다.

"그럼, 주지 뭐."

형이 선뜻 주머니에서 뭔가를 꺼냈다. 열쇠 꾸러미였다.

"이건 내 오래된 부적이야."

형이 꾸러미에서 열쇠고리 하나를 빼냈다.

"형도 너만 할 때 이곳에 왔다고 했지? 그때 샀던 열쇠고리야. 마치 이 학교 학생이 된 것처럼 즐거운 기분이었어. 자, 이제 이건 지훈이 거다."

나무로 된 열쇠고리에는 서울대를 상징하는 마크가 쇠로 박혀 있었다. 낡고 곳곳에 손때가 묻어 있기는 했지만 그래서 더 좋았다. 거기에는 형이 보낸 긴 시간이 담겨 있었다. 나는 그걸 받아 들고 한참을 바라보았다. 창밖에서 쏟아져 들어온 햇살에 낡은 마크가 반짝 하고 빛났다. 나는 가만히 그것을 바라보다가 문득 히히 웃었다.

얼마쯤 지나 홍민이가 주춤거리며 돌아와 자리에 앉았다. 나는 이를 드러내며 히~ 웃어 보였다. 홍민이는 무슨 영문인지 몰라 나를 쳐다보다가 내 손에 들린 열쇠고리를 보고는 소리쳤다.

"형! 이거 저 주신다고 했잖아요!"

형이 얼른 대답했다.

"용감한 자만이 상을 받는 거야. 오늘 우리가 의미 있는 시간을 보낸 것도 다 지훈이 덕이니까 지훈이에게만 주는 특별상이다!"

나는 잽싸게 열쇠를 꺼내 형이 준 고리에 끼워 넣었다. 그리고 그걸 위로 던졌다 받았다 하며 가지고 놀면서 승재와 홍민이의 약을 올렸다. 또 한 번 식탁이 우당탕 흔들렸다.

+ 공부 잘하는 습관 1 +

펭귄, 하늘을 달리다

점심시간이 끝나자 배가 몹시 불렀다. 5교시가 되자 나도 모르게 자꾸 고개가 떨어졌다. 그때 홍민이가 옆구리를 쿡 찔렀다.

"야, 선생님 보신다."

오늘은 우리가 앞으로 자리를 옮긴 지 일주일쯤 된 날이었다. 처음으로 자리를 옮긴 것은 국어 시간이었다. 파바로티 선생님은 우리가 맨 앞자리를 차지하고 앉자 놀란 얼굴로 우리를 반겨주셨다.

"오, 너희들. 드디어 맘잡았구나. 그래그래."

파바로티 선생님의 호들갑스러운 격려에 우리는 몸 둘 바를 몰랐다. 선생님은 시를 읊으시면서 가끔씩 우리를 향해 미소를 보내셨다.

앞자리에 앉아 가까이에서 선생님을 보니 무언가 달랐다. 뒤에서 볼 때보다 훨씬 더 우람하게 느껴져서 부담스러울 정도였다. 그날 우리는 잠시도 졸지 못하고 멍한 상태로 수업을 들었다. 하지만 파바로티 선생님의 수업 시간은 그나마 수월한 편이었다.

"야, 꼴통들. 웬일로 앞자리에 앉았어?"

수학 선생님은 우리를 의심의 눈초리로 바라보다가 툭 하면 불러내서 문제를 풀게 하셨다. 정말이지 죽을 맛이었다.

이게 다 홍민이 녀석 때문이었다. 홍민이가 월요일 아침에 음료수를 하나씩 사 들고 왔을 때부터 알아봤어야 했다.

"학교 오느라 추웠지? 이거 마셔."

홍민이는 나와 승재에게 따뜻한 음료수를 내밀더니 묻지도 않았는데 "그냥, 학교 오다가 너희들 생각이 나서, 하하" 하고는 머리를 긁적였다. 그러다 우리가 음료수를 마시자 조심스럽게 이야기를 꺼냈다.

"참, 너네 오늘은 앞자리에서 수업 들어볼래?"

내가 먼저 손을 내저었다.

"앞자리에 앉는다고 성적이 오르는 건 아니잖아?"

엇나가는 듯한 내 말투에 홍민이는 다시 부드럽게 말했다.

"하지만 나는 앞자리에 앉으면서 성적이 올랐는걸."

"난 나만의 방법을 찾을 거야."

내 대답이 끝나기가 무섭게 승재가 불쑥 끼어들었다.

"그런데 앞에 앉으면 정말 좋아?"

눈치도 없는 승재의 말에 홍민이는 반색을 했다.

"당연하지! 일단 딴짓을 못하잖아."

홍민이가 머리를 긁적이며 덧붙였다.

"딴짓을 못 하니까 자연히 선생님 말씀을 잘 듣게 되고, 내가 잘 들으니까 선생님도 관심을 보여주시더라고. 사실 나도 처음에는 선생님이 무슨 말씀을 하는지 하나도 모르겠더라. 그래서 다시 뒷자리에 앉아 잠을 자려니까 자존심이 상하잖아. 이왕 앞에 앉은 거 선생님이 하는 말씀을 하나도 놓치지 않고 수업을 재미있게 들으려고 노력했어."

"우와, 대단한데."

"곰곰이 생각해보니 미리 수업 내용을 알면 선생님 말씀이 더 잘 이해되지 않을까 싶더라. 그래서 처음 일주일 동안 하루에 2시간씩 예습을 하고 학교에 갔지. 모르는 부분이 있으면 참고서를 찾아보고 형한테도 물어보고. 그런데 진짜 신기했어.
선생님 말씀이 귀에 들어오기 시작하는 거야.”
“쳇, 무슨 체험 사례도 아니고.”
내가 얼굴을 찌푸리며 말했다. 하지만 그날 점심 도시락을 먹
으면서 홍민이의 꼬임이 또다시 시작됐다.

“병훈 형은 학교에서 모든 공부를 끝낸다는 생각으로 공부했
다고 했어. 수업 시간에 최대한 집중하고 수업이 끝나면 그 자
리에서 복습한 다음에, 방과 후 야간 자율 학습을 하고 집에 10
시쯤 도착했대. 그 다음에는 뭘 했게?”
“또 공부?”
“아니, 놀거나 일찍 잤대.”
“정말? 10시까지만 공부했다고?”
“응, 학교에서 집중해서 공부하니까 집에 가면 피곤해서 잘 수
밖에 없었대. 처음에 내가 공부 잘하려면 잠을 줄여야 하느냐
고 물어봤거든? 그랬더니 형이 그랬어. 열심히 공부해도 성적
이 안 오르는 건 잠 안 자고 늦게까지 공부하고 나서 다음 날
학교에서 자기 때문이래.”

그 말에 우리는 모두 숟가락질을 멈췄다. 바로 우리들 얘기였다. 게다가 밤늦게까지 공부는커녕 게임 하고 무협지 읽느라 늦게 자기 일쑤였다. 승재가 물었다.

"학교에서만 열심히 하면 밤늦게까지 공부할 필요가 없다는 뜻이야?"

"당연하지. 그러니까 이번 주에는 다 같이 앞에 앉자. 내가 도와줄게."

승재는 생글생글 웃는 홍민이에게 홀딱 넘어가 고개를 끄덕이고 있었다. 그 모습을 보니 한숨이 나왔지만 나도 어쩔 수 없었다. 한번 해보는 것도 나쁘지는 않을 것 같았다.

새로운 습관이 만들어지는 66일의 마법

"이야, 교복 입으니까 너희도 학생처럼 보이는구나."

형이 우르르 들어오는 우리를 보며 웃었다. 수업이 끝날 무렵, 학교 앞에 새로 생긴 떡볶이 가게로 형이 찾아왔다.

형이 온다는 소식에 우리는 가벼운 발걸음으로 교문 밖을 나섰다. 요즘에는 형을 만나는 일이 깜짝 선물처럼 느껴졌다. 형이 딱히 내 문제에 답을 주는 것은 아니었지만 이상하게도 안심이 되었다. 조금만 더 형을 따라가면 내가 복잡하게 생각했던 문제들의 실마리를 찾을 수 있을 것만 같았다.

이미 가게에 도착해 있던 형은 우리가 들어서자 손을 흔들었다. 내가 자리에 앉자 형이 비꼬듯 말했다.

"소식 잘 들었다. 이제는 앞자리에서 존다고?"

"하하 뭐, 그런 셈이죠."

내가 시선을 피하며 웃었다. 하지만 형은 다그치지 않았다.

"일단 잘 버티고 있는 것만으로도 좋은 시작이네."

형의 말에 나도 모르게 투정이 나왔다.

"아, 힘들긴 해요. 선생님들 눈에서 레이저가 나온다고요."

파바로티 선생님의 흐뭇한 미소를 생각할 때마다 절로 한숨이 나왔다. 저번 시간에는 심지어 내게 시 읊는 것을 시키셨는데 내가 한 구절을 읽을 때마다 창가를 바라보고 짐짓 미소를 지으며 박자라도 맞추듯이 고개까지 끄덕이셨다.

내가 더듬댈 때면 지휘봉을 연주하듯이 "아, 그 부분은 이렇게 읽어야지" 하고 바로잡아주시기까지 했다. 그날 나는 친구들에게 제대로 웃음거리가 되었다.

게다가 수업 시간에 마음 놓고 잠을 못 자는 것도 고역이었다.

한동안 게임을 하고 새벽에 자면서 길들여진 습관 때문에 어김없이 수업 시간이 되면 졸렸던 것이다.

형은 튀김과 떡볶이를 시키고 나서 우리를 보며 말했다.

"너희들, 얼마나 고역인지 형도 다 알아. 오늘 내가 온 건 다들 고생했으니 맛있는 것도 먹고 다음에 이어질 계획도 준비하기 위해서야. 세어보니까 너희는 앞으로 59일만 더 참으면 되겠어."

우리는 멀뚱히 형을 바라보았다.

"네? 59일이요?"

형이 고개를 끄덕였다.

"세스 노테봄이라는 네덜란드 작가가 유명한 말을 했어. '무엇이든 습관이 되려면 두 번 이상 반복해야 한다'고."

"음, 맞는 말 같아요."

우리는 고개를 끄덕였다.

"쉽게 말하면 일단 시작하고 나서 그걸 이어나가는 게 바로 습관의 시작이라는 거지. 하지만 실질적으로 습관이 형성되려면 두 번으로는 부족해. 하나의 습관이 자리 잡으려면 시간이 어느 정도 걸릴까?"

우리는 손가락을 꼽아보았다. 지난 일주일간 우리는 앞자리에 앉아서 수업에 집중하는 연습을 했다. 그런데 처음 시작할 때보다 5일이 흐른 지금이 한결 편했다. 하지만 아직은 멀었다는 생각이 들었다. 형이 이어서 말했다.

"자, 지금 너희는 새로운 일주일을 보냈어. 평소라면 절대 하지 않았을 행동을 습관으로 만들기 위해서 말이야. 그런데 하나의 습관이 자기 몸 안에 자리 잡는 데 걸리는 시간이 통계로 나와 있어. 바로 66일이야."

형이 가방에서 노트를 하나 꺼내더니 우리 앞에 펼쳐놓았다. 거기에는 이상한 그래프 하나가 그려져 있었다.

"잘 봐. 미국 과학자들이 습관에 대해 실험한 결과야. 사람마다 새로운 습관이 형성되는 데 며칠이 걸리는지 알아본 거지. 이 그래프에서 세로축에 있는 '자동성(automaticity)'은 행동이 자동적으로 이루어지는 걸 뜻해. 더 이상 통제하거나 신경 쓰지 않아도 되는 시기지. 이때부터는 이미 목표한 것이 습관으로 자리 잡아서 더는 힘이 들지 않는 거야."

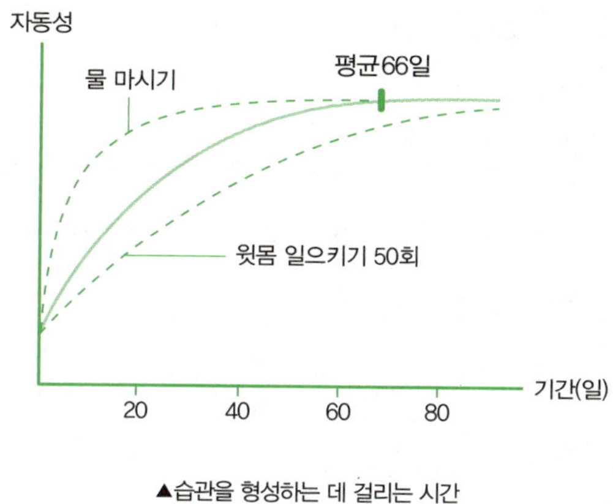

▲습관을 형성하는 데 걸리는 시간

"그럼, 실선 밑의 점선은요?"

표를 유심히 보던 승재가 물었다.

"그건 습관을 고정시키는 데 유난히 시간이 짧게 걸리거나 유난히 오랜 시간이 걸리는 경우를 따로 그린 거야. 예를 들어 물 한 잔 마시는 습관을 들이기는 쉽지. 하지만 매일 50번의 윗몸 일으키기를 한다고 생각해봐. 쉽지 않지? 그럴 때는 좀 더 많은 시간이 걸릴 거야. 하지만 이 모든 과정을 평균 내보니 66일이 나왔어. 결국 어떤 행동이든 우리가 노력해서 습관으로 만드는 데에는 평균 66일 안팎이 걸리는 거지. 지훈이의 경우도 마찬가지야. 지금은 앞자리에 앉는 일이 물 한 잔 마시는 것보다는 힘들 테니 총 66일이나 그보다 조금 더 긴 시간이 걸리겠지."

그때 우리가 주문한 음식들이 나왔다. 다들 서둘러 포크를 들고 달려들었지만 나는 잠시 생각에 잠겨 있었다. 그때 형이 먼저 국물을 후루룩 마시더니 말했다.

"그런데 지금이 정말 중요한 때야. 66일은 사실 짧다면 짧을 수 있지만 중요한 건 지속성이지."

형은 우리 눈을 바라보며 강조하듯이 또박또박 말했다.

"지금 포기하느냐 계속하느냐에 따라서 진짜 변화할 수 있는지 여부가 달라지게 되는 거야."

그 말을 들으니 사람이 변하는 게 쉽지 않다는 어른들의 말을 알 것도 같았다. 나 역시 지금 당장이라도 다시 뒷자리로 돌아가고 싶었으니까.

수업 시간 50분을 완벽하게 지배하자

"형, 그런데 앞에 앉는 게 습관이 돼도 그게 무슨 의미가 있어요? 졸음을 억지로 참아 가면서 수업 진도를 따라가는 것보다는 나중에 혼자 집중해서 공부하는 것이 더 효과적이지 않을까요?"

형은 내 투정을 듣더니 고개를 끄덕였다.

"그 마음은 이해가 가지만 바로 그런 생각이 성적 하락으로 가는 지름길이야. 언뜻 수업은 교과서를 따라가는 단순한 흐름으로 보일 수 있어. 하지만 거기에는 다른 비밀이 숨어 있거든. 대학교 때였는데, 수업 시간에 교재를 그대로 읽는 것 같은 교수님이 계셨어. 나는 속으로 코웃음을 치며 수업을 안 들어갔지. '시험 보기 전에 책 한 번 읽으면 되겠구나.' 생각한 거야. 그런데 어떻게 됐을까?"

형은 진지한 표정으로 이야기를 계속했다.

"한꺼번에 보려니까 내용도 너무 많고 이해도 안 가더라. 그래서 금방 포기하고 말았지. 반면 수업 시간에 성실히 들은 친구는 요약본을 중심으로 쉽게 공부해서 좋은 성적을 받았어. 그때 나는 수업 시간이 재미없다고 무시하면 큰 코 다친다는 사실을 깨달았지."

"우아. 바로 제 이야기예요."

승재가 옆에서 말했다. 형이 고개를 끄덕였다.

"생각해봐. 병은 의사가 고치고 검사와 변호사, 판사들이 법을 다루지? 구두 밑창이 나가면 우리보다 구두 수선 전문가들이 훨씬 잘 고칠 수 있어. 선생님들은 어떨까."

"맡은 과목을 가르치는 데에는 전문가들인가요?"

"그래. 홍민이가 말한 대로야. 한 시간 동안 가르치는 내용이 하늘에서 그냥 뚝 떨어진 게 아니란 말이지. 그분들은 그 과목에 관한 한 최고의 전문가야. 한 시간 동안 가르치는 내용이 하늘에서 그냥 뚝 떨어진 게 아니란 말이지. 그래서 수업 시간만 찬찬히 따라가도 머릿속에 어느 정도는 정리가 되는 거야."

형이 한 손으로 슬며시 내 머리를 짚으며 다시 말을 이었다.

"우리 뇌는 끊임없이 움직인다. 일단 한 번 보고 들은 정보는 나도 모르는 사이에 분류하고 저장하지. 이런 것들이 하루 이틀 쌓인다고 생각해봐. 결국 수업을 잘 들은 학생과 안 들은 학생 사이에는 극복할 수 없는 차이가 생기는 거야."

수업 시간에 열심히 들으면 공부를 잘하게 된다는 건 누구나 아는 사실이긴 했다. 하지만 교과서만 줄줄 읽으시는 선생님의 수업은 도대체 어떻게 견딘단 말인가? 답답한 마음에 내가 입을 열었다.

"어떤 과목은 선생님도 열정적이시고 재밌어요. 그런데 몇몇 과목은 내가 가르치는 게 더 낫겠다는 생각이 들 때도 있어요. 홍민이랑 민수 빼고는 다 잔다니까요?"

형은 무릎을 탁 치며 손가락으로 나를 가리켰다.

"지훈이, 말 잘했다. 그렇게 지루한 수업 있지? 그 수업을 정복하는 방법을 알려줄게. 선생님을 비판하거나 짜증 내는 대신, 마음속으로 함께 수업을 진행하면서 이렇게 질문을 던지는 거야. '나라면 이 내용을 어떻게 전달할까? 나는 어떻게 가르칠 수 있을까?' 생각해보는 거지."

"에이, 제가 그걸 어떻게 해요. 저는 배우는 게 전문이지, 가르치는 게 전문은 아니잖아요."

"과연 수업이라는 게 선생님이 일방적으로 전달하고 학생은 받기만 하는 걸까? 그거 알아? 훌륭한 학생이 훌륭한 수업을 만들기도 한다는 것. 무작정 끌려가지 않고 그 시간에 최대한 능동적으로 참여하는 것도 학생의 의무인 거야. 수업의 주인은 너희잖니? 환경이 따라주지 않으면 너희 스스로가 그렇게 만들어야지."

이때 승재가 불쑥 끼어들었다.

"그런 건 대학생들이나 할 수 있는 거 아니에요?"

형이 다시 말을 이었다.

"대학교에서도 마찬가지야. 지난번에 우리가 들었던 수업이 재미있었던 건 극히 예외적인 경우지. 교수님들은 대부분 연구 내용을 중점적으로 다루서서 별로 재미가 없어. 하지만 환경만 탓하면 아무런 발전도 할 수 없지. 스스로 수업도 구성해보고, 선생님한테 질문도 던지고, 너희끼리 서로 상의도 하면서 재미를 만들어나가는 거야."

늘 차분했던 형의 언성이 좀 높아진 것 같아서 우리는 아무 말도 할 수 없었다. 조금은 혼나고 있다는 느낌도 들었고 '그렇게 잘못한 건가?' 싶었다. 풀이 죽은 우리를 보더니 형은 다시 차분하게 말을 이었다.

"형이 화를 내는 건 너희한테 그러는 게 아니야. 옛날 내 모습이 생각나서 답답했어. 음… 한번 쉽게 생각해보자. 너희들 야구 좋아하니?"

야구라는 말에 승재 눈이 반짝반짝 빛났다.

"당연하죠! 형, 저는 뼛속까지 롯데 팬이에요! 중학교 때까진 친구들이랑 한 달에 한 번씩은 야구 보러 갔었어요. 지훈이랑 홍민이는 LG 팬이고요."

"아, 형도 야구 무지 좋아해. 야구장 가는 것도. 그런데 어떤 야구 팬들은 외롭다는 거 알아? 여자 친구가 스포츠에 전혀 관심이 없으면 늘 혼자 가야 하니까."

"와아, 우리 엄마도 저랑 아빠가 야구 채널 보는 거 질색하시는데."

"왜 그러시는지 알고 있어?"

형이 묻자 승재는 고개를 끄덕였다.

"도대체 공 던지고 치는 걸 왜 서너 시간이나 앉아서 봐야 하는지 이해가 안 가신대요."

"하하, 역시 비슷하구나. 나도 내 여자 친구가 야구를 좋아하지 않아서 반쯤 포기하고 있었지. 그런데 작년부터 여자 친구가 변하기 시작했어."

"갑자기 야구를 좋아하게 된 거예요?"

홍민이가 물었다.

"우연히 함께 WBC 경기를 보게 되었는데 야구 규칙을 하나씩 물어보는 거야. 그때 한일전이 한창 화제가 됐지? 스트라이크, 볼, 3 아웃, 안타, 파울 같은 용어들을 차근차근 알려줬지. 요즘은 말이야, 여자 친구가 두산 팬이 되어버렸어. 그래서 LG와 두산이 경기할 때 나랑 매일 싸우지.”

우리는 형의 말에 웃음을 터뜨리다가 문득 멀뚱멀뚱해졌다.

“그런데요, 형.”

“응?”

“여자 친구가 있었어요?”

그 말에 형은 꿀 먹은 벙어리가 되었다. 그러더니 손을 내저으면서 다급하게 말을 이었다.

“아무튼 요지는 이거다. 야구 볼 때 하품만 하던 여자 친구가 규칙을 알고 팀을 응원하게 되면서 야구에 푹 빠졌다는 거야. 물론 야구는 선수들이 하는 거지만, 이제 내 여자 친구도 능동적으로 경기에 참여하게 된 거지.”

“나도 나중에 야구 좋아하는 여자 친구 만나야지. 흐흐.”

“하하 그래. 승재도 처음부터 열광적으로 롯데를 응원하지는 않았을 거야. 처음엔 아무것도 모르고 아빠 손 붙잡고 야구장에 다니다가 야구 규칙과 선수 이름을 하나씩 알아갔겠지. 그러면서 재미를 느꼈을 테고. 공부도 마찬가지야. 형이 무슨 말을 하려는지 알겠지?”

“여자 친구와 야구의 상관관계에 대해서 말하고 있잖아요. 히히.”

형은 ‘괜히 말했다’ 싶은 얼굴로 우리를 돌아보았다. 이쯤에서 멈춰야 할 것 같아 내가 말을 꺼냈다.

“공부를 잘하려면 공부의 규칙을 알아야 한다는 뜻이죠?”

형이 내게 고맙다는 듯 눈을 찡긋하면서 말했다.

“바로 그거야. 공부의 규칙을 다른 말로 하면, 수업의 규칙이 되겠다. 공부를 하려면 수업의 내용부터 알아야 한다는 거지. 규칙을 알면 수업에 몰입할 수 있고, 재미도 느끼면서 능동적으로 참여할 수 있어. 너희가 수업의 주인이 될 수 있다는 거다.”

그 말을 듣자 미리 예습을 했더니 선생님 말씀이 귀에 들어왔다는 홍민이의 말이 갑자기 머릿속을 스쳤다.

“그래서 예습이 필요하다는 건가요?”

“그렇지! 역시 하나를 가르쳐 주면 둘을 아네. 예습은 그냥 폼으로 하는 게 아니야. 수업 시간에 배울 내용을 미리 머릿속에

담고 있으니 선생님 말씀을 비판적으로 들을 수 있지. 잘 이해되지 않던 부분이 선생님 설명으로 풀리기도 하고, 잘못 이해했던 부분을 점검할 수도 있어. 그래도 모르는 부분은 질문하면 되고.”

“그럼 수업 시간이 지루하지는 않겠네요?”

승재가 이제 좀 알 것 같다는 듯 눈을 반짝이며 끼어들었다.

“맞아. 바로 이런 데서 수업의 재미를 느끼면 되는 거야. 선생님이 재미없게 수업한다는 불평은 그저 핑계일 뿐이지. 수업 시간을 100% 활용하기 위해 필요한 건 불평이 아니라 바로 예습이거든.”

형은 말을 마치고 우리에게 A4 용지를 하나씩 나누어주었다. 거기에는 딱 세 줄이 적혀 있었다.

1. 오늘 수업 시간에 배운 내용

–

–

–

2. 내일 수업 시간에 배울 내용

ㅡ

ㅡ

ㅡ

3. 질문 거리

ㅡ

ㅡ

ㅡ

"자, 숙제다."

형의 말이 떨어지는 순간, 우리는 또다시 으악~ 하고 소리를 지르며 고개를 푹 숙였다.

"왠지 엄청난 숙제일 거 같아요."

승재가 우물거렸다. 형은 고개를 저었다.

"저녁 먹고 두 시간이면 돼. 엄청난 숙제도 아니고 재미도 있을 거야."

"두 시간이요? 그럼 설마 모든 과목을 예습?"

이번에는 홍민이도 놀란 것 같았다. 형이 고개를 끄덕였다.

"중학교 때는 보통 하루에 4~5과목씩 배우지? 그저 그 한 과목당 15분 정도 예습을 한다고 생각하면 돼. 물론 수학이나 영어는 시간이 더 필요할 거야. 그렇게 다음 날 공부할 내용을 예습하면 2시간 정도 흘러 있을 거고. 일단은 여기서부터 시작하자. 이것만 습관을 들이면 수업 시간이 엄청나게 달라질 거다. 형이 장담해."

"그런데 형, 이렇게 하면 서울대에 갈 수 있을까요? 서울대 사진을 책상 앞에 붙여놨는데 여동생이 보더니 제가 서울대 가면 손가락에 장을 지진대요. 지금부터 4시간씩만 자면서 미친 듯이 공부해도 될까 말까 한다고."

승재가 풀 죽은 목소리로 말했다.

"걱정 마. 그렇게까지 안 하고도 합격한 사람이 여기 있잖아? 여동생님 말씀보다는 나를 믿어봐."

형은 승재의 어깨를 토닥거리며 말했다.

"굳이 초반부터 오버 트레이닝할 필요는 없어. 너희들은 이제 막 시작하는 단계니까 하나씩 쌓아나가면 돼. 앞으로 대입까지는 3년이 남았지? 목표를 이루기에는 충분한 시간이야. 일단 1단계 임무를 무사히 완수하면 무서운 속도로 쭉쭉 뻗어나가게 될 거다."

"일단은 학교 수업에 충실하라는 거죠?"

홍민이가 말했다.

"맞아. 따분해 보이지만 가장 중요한 수업 시간을 100% 활용하는 거지."

"에고, 저희는 앞자리에 앉는 것만으로도 벅차요."

내가 한숨을 쉬며 말했다.

마음을 묶은 쇠사슬을 끊어야 해

"너희들 지난번에 대학교에 다녀오고 나서 각자 목표를 새롭게 다졌다고 했지? 좋아. 그럼 지금부터 목표를 이루는 두 가지 방법을 알려줄게."

우리는 귀를 쫑긋 세웠다.

"사실은 아주 쉬워. 첫째는 높은 목표를 세워두고 거기에 맞게 변화하는 것, 둘째는 목표를 낮추고 그대로 사는 것. 나는 이 중에 어느 쪽이 좋다고 강요하지는 않아. 사실 목표가 없으면 지금 다른 행동들을 해도 상관은 없지. 어차피 이루어야 할 일이 없으니, 변하든 말든 상관이 없는 거지."

그 말에 나와 승재는 금방 시무룩해졌다. 하지만 형이 곧 우리 등을 두드려주었다.

"너희도 나중에 여자 친구를 사귀겠지만 말이다. 이런 말이 있어. 사랑은 한순간에 빠지는 것이 아니라, 내가 그 사람을 사랑하겠다고 결심하는 순간부터 시작된다고. 세상에 그런 게 사랑뿐일까? 우리 인생에서 가장 중요한 건 늘 선택과 결정이야. 지금 너희는 선택하고 결정하기만 하면 되는 거야. 이대로 지금의 생활을 고수할지, 아니면 새로운 변화를 원하는지."

"당연히 두 번째죠⋯."

나와 승재가 작은 목소리로 답했다.

"그렇지? 형도 역시 너희들이 앞자리로 옮긴 건 의미 있는 결정이었다고 생각해. 그리고 이 결정은 너희 삶의 방향을 전환하는 조그만 출발점이 될 수 있을 거야. 물론 수업 내용을 이해하지 못하면 곧 포기하고 예전처럼 뒤로 돌아가게 되겠지. 수업에 몰입하고 참여하려면 예습이 최선이라는 사실을 명심하렴."

"네."

우리 셋이 나지막하게 대답했다.

"형은 너희가 무리 없이 1단계 미션을 잘 수행할 거라 믿어. 하루하루 반복하다 보면 점점 나아질 테고. 어떤 일에 집중을 하면 점점 더 그 일이 쉬워지는 시점과 만나게 돼. 내리막길을 달리는 자전거를 생각해봐. 처음에는 그저 그런 속도로 가지만 중반을 넘어서면 훨씬 빠른 속도로 달리게 되지."

"저도 얼른 그렇게 되었으면 좋겠어요. 가끔은 언제 습관이 몸에 밸까 답답할 때가 있거든요."

내가 조바심을 내며 말했다.

"마음은 급하겠지만 너희는 이제 막 시동을 걸고 출발한 것에 불과해. 그러다가 조금씩 가속도가 붙기 시작하면 처음에는 어려웠던 게 좀 더 수월해지게 되지. 그때부터는 크게 힘들이지 않고도 즐길 수 있는 거야. 공부도 마찬가지이고. 홍민이는 어땠어? 바뀌는 데 2~3개월 정도 걸렸지?"

홍민이가 고개를 끄덕였다.

"네, 처음 시작할 때보다 지금이 훨씬 쉬워졌어요."

그때 승재가 눈을 굴리면서 물었다.

"그러면 공부하는 것도 습관이 될 수 있다는 거예요? 윗몸 일으키기나 먹는 습관 바꾸는 것처럼 공부 습관도 바뀔 수 있다는 거죠?”

아직은 공부를 즐길 수 있다는 형의 말이 먼 세상 이야기처럼 들렸다. 하지만 그렇게 되면 얼마나 좋을까 하는 강렬한 열망이 들기도 했다. 승재의 말에 형은 고개를 끄덕였다.

“물론이지. 밥 먹을 때를 생각해봐. 음식을 보고 냄새를 맡고 젓가락이나 숟가락, 포크를 들고 자연스럽게 먹지. 그 행동을 일일이 계산하고 실천하는 사람은 없어. 음식을 먹는 건 인간에게 가장 기본적인 습관이니까.”

“아, 그래도 저는 먹을 때마다 다 새롭던데, 히히.”

“그건 좋은 거다. 습관 자체를 즐기고 있는 거니까.”

형이 웃었다.

“이렇게 의식하거나 생각하지 않아도 자연스럽게 이루어지는 게 바로 습관이야. 컴퓨터 자판을 봐. 처음에는 일일이 자판을 외우려 들지. 하지만 자주 하다 보면 자연스럽게 누르게 되잖아? 공부도 그래. 지금은 책상 앞에 앉아 예습하는 일이 고역일 거야. 하지만 일단 몸에 익으면 어떨까? 지금 들이는 에너지의 절반만 써도 쉽게 해낼 수 있는 거지.”

형의 말을 유심히 듣던 홍민이가 고개를 끄덕였다.

"밥 먹는 것처럼, 자판 치는 것처럼 힘들이지 않고도 공부할 수 있다는 거구나…."

"습관이 변하면 인생이 바뀐다는 말이 옳다고 생각해. 다만 그런 습관을 만들려면 이게 필요하지."

형이 손가락으로 자신의 머리를 톡톡 두드렸다.

"그런데 아직도 한 가지 어려운 게 있어요. '이제 그만해야지' 하면서도 자꾸 컴퓨터 앞에 앉게 돼요. 그래서 그런가? 앞자리에 앉는 것만으로는 뭔가 크게 바뀌지 않는 것 같아요."

내 말에 형이 고개를 끄덕였다.

"누구라도 변화를 원한다면 그렇게 할 수 있어. 그렇지만 변화의 과정이 쉽지만은 않아. 변하려면 기꺼이 대가를 지불할 준비가 되어 있어야 하니까."

"대가요?"

형은 고개를 끄덕였다.

"습관 들이기에는 절대 피할 수 없는 중요한 규칙이 하나 있어. 그건 바로 새로운 습관을 들이려면 기존의 습관부터 포기해야 한다는 거야. 어렸을 때 시소 타본 적 있지? 그 시소 놀이처럼 낡은 습관과 새 습관의 무게를 계속해서 더하고 덜어내는 거야. 여기서 낡은 습관이 계속 유지된다면 그 사람의 시소는 낡은 습관으로 기울겠지. 그러다 보면 결국 변화의 시기 늦어질 수밖에 없는 거고."

"타본지 너무 오래되어서 그런지 이해가 잘 안 돼요."

승재의 엄살에 형이 차분히 다시 말을 이었다.

"음, 예를 들면 앞자리에 앉기 시작한 습관, 예습하는 습관이 변화를 위한 새로운 습관이라면 게임하는 습관, 수업 시간에 조는 습관이 바로 변화를 방해하는 낡은 습관인 거지."

우리가 심각한 얼굴로 바라보자 형이 고개를 끄덕이더니 다시 말했다.

"좋아. 집에 가서 예습들 할 거지?"

나와 승재는 별로 자신이 없었지만 고개를 끄덕였다. 우린 서로 컴퓨터와 텔레비전의 유혹 때문에 지난 일주일간 제대로 공부하지 않았다는 걸 알고 있었다. 그래서인지 선뜻 답하기가 어려웠다. 형은 우리의 표정을 살피더니 손가락 하나를 들어 올리며 말했다.

"좋아. 형이 한 가지 제안을 하지. 보통 학교가 3시면 끝나지?

끝나면 집으로 가지 말고 5시 반까지 학교 도서관에서 너희끼리 자율학습을 해봐. 예습하다가 모르는 부분이 있으면 홍민이한테 물어보고, 체크했다가 나중에 나한테도 묻는 거다. 이게 바로 대학생들이 하는 스터디 그룹이야. 어때, 혼자 하는 것보다는 훨씬 좋겠지?"

학교에 더 남아 있을 걸 생각하니 답답하기도 했지만, 이렇게라도 하지 않으면 공부 습관을 들이기가 힘들 거란 사실은 분명해 보였다. 나와 승재는 가만히 고개를 끄덕였다.

"좋아. 한번 해 보는 거야. 먼저 이렇게 일주일만 해봐. 다음 주 월요일부터 금요일까지 포기하지 않고 이 습관을 이어가면, 커다란 상을 주겠다!"

"형, 이번에는 뻥 아니죠?"

"물론! LG와 롯데 야구 경기를 보여주마. 그것도 지정석으로!"

"우아~!"

우리는 저마다 손을 들고 환호성을 질렀다. 그런 우리의 모습을 바라보며 형이 싱긋 웃고 있었다.

공부 잘하는 습관 2

펭귄, 하늘을 달리다

 내일 10시 상봉역. 공부 시키기의 달인을 만나러 감

형에게서 처음 이 문자를 받았을 때 가장 먼저 든 생각은 궁금함과 호기심이었다. 형이 누군가를 소개시켜 준다면 분명 이유가 있을 것 같았다. 하지만 세상에 수많은 달인들 중에 '공부의 달인'도 아니고 '공부 시키기의 달인'이라니 더 궁금했다. 지하철역을 나와 보니 형과 승재가 저만치에 서서 이야기를 나누고 있었다.

"형! 승재야!"

나는 손을 흔들며 달려갔다. 형과 승재도 나를 보고 손을 흔들었다. 그런데 오늘은 웬일로 홍민이가 없었다.

"어, 홍민이는요?"

그 말에 승재가 먼저 답했다.

"아, 오늘 급하게 할머니 댁에 가게 됐대. 오늘 들은 얘기들 잘 기억했다가 알려달래. 근데 형, 오늘 만난다는 공부 시키기의 달인이 대체 누구예요?"

"음, 여러 문제아들을 공부의 달인으로 키운 형이지. 만나보면 알 거다."

이런저런 이야기를 나누며 걷고 있는데 승재가 먼저 속내를 드러냈다.

"형, 저 수첩에다가 날짜별로 59일을 그려서 하루씩 지워가고 있어요. 요즘은 수업 시간에도 거의 안 졸아요. 영어와 수학은 좀 덜하지만 다른 수업은 전부 집중해서 듣고 있어요."

"저는 월요일부터 금요일까지 하루도 안 빼놓고 예습했어요. 형, 우리 진짜 야구장 가는 거죠?"

신이 나서 떠드는 우리에게 형이 말했다.

"그렇지 않아도 어제 홍민이한테 얘기 들었다. 자, 포상은 빠른 게 좋지!"

형은 주머니에서 A4 용지 한 장을 꺼냈다. 거기에는 '예매 명

세서'라고 쓰여 있었다.

"와, 벌써 예매하신 거예요?"

승재는 야구장 갈 생각에 벌써부터 들떴는지 그 자리에서 풀
쩍 뛰어 올랐다.

"당연하지. 특 지정석이라 빨리 구해야 했거든. 자, 그럼 하나
물어보자. 예습이 어땠는지 궁금한데?"

그 말에 승재가 머리를 긁적였다.

"이제 조금씩 알아가는 것 같아요. 선생님이 무슨 말씀을 하시
는지 이해하는 정도예요."

나도 고개를 끄덕였다.

"집중력이 높아진 거 같아요. 아는 얘기가 나오니까 재미도
있고요."

사실 월요일에 교과서를 봤을 때는 도저히 무슨 말인지 감이
잡히지 않았다. 홍민이가 하는 것처럼 똑같이 교과서를 두 번
씩이나 읽었는데도 어렵기만 했다.

형이 시킨 대로 읽은 내용을 세 문장으로 정리하는 것도 쉽지
가 않았다. 결국 홍민이랑 메신저로 계속 이야기를 하다가 사

회와 국사 교과서에 있는 큰 단원만 적어서 보여주었다. 그런
데 홍민이의 반응은 의외로 간단했다.

"괜찮아, 지훈아. 나도 처음에는 그랬어. 교과서를 몇 번이나
읽어도 무슨 말인지 몰랐어. 그런데 정말 공부는 뇌의 문제인
것 같아. 수업 시간에 예습한 내용이 나도 모르게 떠오르면서
이해가 가더라고. 일단 이렇게 3~4일 정도 하다 보면 감이 잡
힐 거야."

"그럼 수학이랑 영어는? 특히 수학은 무슨 말인지 하나도 모
르겠어."

"영어랑 수학은 시간이 많이 걸릴 거야. 우선 영어는 자습서에
나온 해석부터 읽어봐. 수학은 시간을 들이는 수밖에 없는 것
같아. 나도 옆에서 형이 쉽게 설명해줘서 겨우 진도를 따라갈
수 있었거든. 혹시 모르는 부분 있으면 내가 도와줄게."

"야, 병훈 형한테 배우더니 이제 가르치는 것도 하네? 아무튼
다행이다. 혼자 하려면 엄청 답답했을 거 같아."

승재가 고마웠는지 홍민이를 어깨로 툭 치며 말했다.

그 말에 홍민이가 슬쩍 생색을 냈다.

"내가 아니면 너희 심정을 누가 알겠냐?"

“쳇, ‘난 너희랑 달라!’라고 한 사람이 누구더라?”

내가 싱글거리며 놀리자 홍민이는 입을 쭉 내밀었다.

“야! 내가 언제 그랬냐?”

홍민이가 발끈하자 또 싸울까 싶었는지 승재가 눈치를 살폈다. 나는 홍민이를 바라보며 말했다.

“그냥 고맙다는 거야.”

홍민이는 씩 웃더니 머리를 긁적였다. 잠시 후 승재가 화장실에 다녀온다고 자리를 뜨자 홍민이가 우물쭈물하다가 내 옆에 앉았다. 그러고는 조그맣게 속삭였다.

“지훈아. 그때는 진짜 홧김에 그런 거야, 알지?”

“응, 알아.”

나는 싱긋 웃고는 고개를 끄덕였다. 홍민이도 마주보며 활짝 웃었다. 곧 수업 시작을 알리는 종이 울렸다.

공부는 가장 신 나는 자신과의 싸움

“워워~ 무슨 생각을 그렇게 하는 거야?”

승재가 내 어깨를 툭툭 치면서 말했다.

"아, 아니야. 그냥 야구장 가면 얼마나 재미있을까 생각하고 있었어. 하하."

"참, 내가 재밌는 거 알려줄까?"

형이 우리에게 소곤댔다.

"이 달인님은 합기도 4단에 쿵푸 2단이야. 그러니까 다들 말 잘 들어야 해."

우리가 어깨를 잔뜩 움츠리자 형도 재미있다는 듯 웃었다. 얼마나 시간이 흘렀을까. 만나기로 약속한 세미나실에서 저만치 누군가 다가오는 소리가 들렸다. 쿵쿵대는 발소리를 들으니 성질이 엄청 급한 것 같았다. 우리는 얼음처럼 굳어서 눈을 둥 그렇게 뜨고 문만 바라보았다. 홍민이 녀석은 오늘 같은 날 할머니 댁에 잘도 갔다 싶었다.

검은 그림자가 드디어 세미나실로 들어섰을 때 나도 모르게 벌떡 자리에서 일어났다.

"잘 지냈냐?"

병훈 형이 먼저 손을 내밀었다. 그런데 눈앞에 나타난 얼굴은 예상과 전혀 달랐다. 동그랗고 하얀 웃음 띤 얼굴이 "안녕? 잘 지냈어?” 하고 형을 바라보았다.

그런데 정말 놀라운 건 그 다음이었다. 그 형이 손을 쑥 내미는데 거짓말을 조금 보태서 고봉밥 푸는 주걱만 했다. 나도 모르게 ‘역시 무술인의 손!’ 하는 감탄이 터져 나왔다. 그 형은 곧이어 우리에게도 손을 내밀었다. 형의 커다란 손을 잡는데 존경심이 느껴질 정도였다.

“그래, 공부를 배우러 왔다고? 그건 병훈이 전공인데.”

형이 우리를 번갈아 바라보며 웃었다.

“무슨 겸손한 소리를. 이 영역은 네 전공이잖아.”

두 사람은 서로를 바라보며 웃었다. 무언가 알 수 없는 긴장감이 흘렀다. 승환 형은 의자에 앉더니 우리를 바라보았다.

“정말로 공부가 하고 싶은 거냐, 너희들?”

형이 물었다. 우리는 서로 마주보며 고개를 끄덕였다.

“그럼 쉽다. 그냥 우리 독서실로 와.”

“네?”

그때 병훈 형이 옆에서 설명을 해주었다.

“승환이네 독서실은 이 근방에서 굉장히 유명해. 성적이 보통이었던 아이들이 학원도 아니고 독서실에서 공부해서 상위권

대학에 7명이나 합격했거든."

학원도 아닌 그냥 독서실이 아이들을 대학에 보낸다는 이야기는 처음 들었다. 우리는 어리둥절한 얼굴로 승환 형을 바라보았다. 그때 승환 형이 말했다.

"대체 무슨 일인지 궁금하지?"

형은 그 하얀 얼굴로 씩 웃으며 우리를 바라보았다. 우리는 크게 고개를 끄덕였다. 곧이어 형의 이야기가 시작되었다.

* * *

형이 처음 독서실을 열게 된 건 대학원에 가기 직전이었다. 대학을 졸업하고 잠시 시간이 있을 때 어릴 적부터 생각했던 것을 해보고 싶었다고 했다. 그건 바로 동네 아이들에게 정말 재미있게, 그리고 무엇보다 제대로 된 공부를 가르치고 싶다는 꿈이었다.

"나는 중학교 때까지만 해도 공부와는 거의 담 쌓은 학생이었어. 이상하게도 공부에 재미를 못 붙였고 결국 중학교를 자퇴했지."

"네? 자퇴를요?"

나는 깜짝 놀랐다. 그럼 학교를 안 다녔다는 말인데 어떻게 공부의 달인이 됐단 말일까?

"그럼… 지금 대학원은 어떻게 들어가신 거예요?"

"혼자 검정고시를 봐서 고등학교와 대학교를 졸업했거든."

그 말은 우리에게 일종의 충격이었다. 학교를 다니지 않고 대학을 들어가는 게 과연 가능할까 하는 생각이 가장 먼저 들었다.

"혼자 공부하는 건 어렵지 않으셨어요?"

내가 물었다.

"힘든 점도 있었지. 하지만 한 가지는 확실해. 교실에서 공부하든 혼자 공부하든 결국에는 공부하는 태도와 습관이 가장 중요하다는 거야. 학교는 그런 습관을 선생님이 잡아주고 친구들에게 배울 수 있는 가장 훌륭한 곳이지. 하지만 혼자서 한다고 해도 그런 습관이 몸에 잘 배어 있다면 얼마든지 잘할 수 있다고 생각해. 그게 내가 자퇴한 이유 중에 하나였어. 습관만 잘 들이면 어디서든 내 공부를 할 수 있다는 자신감 말이야."

그 말에 병훈 형도 고개를 끄덕였다.

"아, 그래서 독서실에서 학생들이 혼자 공부할 수 있는 방법을 가르쳐주신 거구나.”

내가 중얼대듯이 말했다. 그러자 형이 다음 말을 이었다.

“그 말이 맞을 거다. 나중에 대학을 졸업하면서 문득 그런 생각이 들었어. 어째서 많은 아이들이 학교에서 제대로 공부에 집중하지 못하고 나가떨어지는지. 그게 과연 나만의 문제였나 하고 말이야.”

결국 형은 동네 학생들에게 관심을 가지게 되었고 실험적으로 그 동네에서 망해가던 독서실 하나를 인수해서 새로 열었다. 그때는 이미 형 스스로가 공부의 중요성을 깨닫고 습관이 몸에 밴 뒤라서 자신감이 있었다고 했다. 형은 독서실을 열었을 때 있었던 이야기를 들려주었다.

“처음 그 독서실을 인수했을 때 안으로 들어가 봤지. 그런데 공부하는 열람실에서 라면 냄새가 확 풍기는 거야. 그걸 보니 웃음이 나더라. 보지 않고도 녀석들이 독서실에 앉아서 뭘 하는지 뻔하게 알 수 있었어. 라면 먹고 떠들고 난리도 아니었지. 그날부터 나는 자리를 지키고 앉아서 아이들을 관찰했어. 그리고 분위기를 어지럽히는 학생들부터 쫓아내겠다고 경고 했지. 이제 좋은 시절은 끝났으니, 이곳의 규칙을 지키지 않을 거면 나가달라고 했어."

나는 그 말에 무언가 통쾌한 기분이 들었다.

"와, 그럼 거의 다 나갔겠다!"

승재가 함박웃음을 지으면서 말했다. 형도 그때 생각이 나는지 웃으며 말했다.

"그랬지. 정말 온갖 원망을 들으며 아이들을 쫓아냈어. 그랬더니 처음에는 아무도 독서실에 오지 않더라고. 그래서 내가 직접 학생들을 모았어. 옆집 아이부터 시작해서 주변에 알고 있던 학생들을 말이야."

"그 큰 주먹으로 어린 친구들 협박하신 건 아니예요?"

내가 눈을 동그랗게 뜨며 말하자 승환 형이 조금 당황하며 말을 이었다.

"흐음, 그런 건 절대 아니고. 거기까지는 다른 독서실과 별 다른 차이가 없었어. 시설이 그렇게 좋은 것도 아니고 셔틀버스를 운영하지도 않았거든. 그런데 우리 독서실 아이들의 성적이 무섭게 오르기 시작했어. 그 소문이 돌기 시작하면서 학생들이 몰려들었지. 결국 평일에도 80~90%의 좌석이 꽉 차게 되었어.”

나와 승재는 입을 딱 벌렸다. 과연 그 아이들의 마음속에 어떤 변화가 일어난 걸까? 무엇이 아이들을 독서실에 불러들이고 전력투구할 수 있는 힘을 주었을까?

“거기에서 대체 무슨 일이 있었던 거예요?”

승재가 궁금함을 참지 못하고 물었다.

“우리 독서실이 다른 독서실과 다른 건 딱 한 가지였어. 일단 수업이 끝나면 다른 곳에 들르지 않고 곧바로 독서실로 오도록 약속을 받아냈어. 그리고 아이들이 오면 무조건 그날 해야 할 공부 계획을 세울 수 있게 도왔지. 총무실에 버티고 있다가 아이들이 들어오면 잽싸게 낚아채서 계획표부터 짜게 한 거야.”

그제야 우리는 고개를 끄덕였다. 형의 저 커다란 손에 덜미가 잡혀 들어가는 아이들의 모습이 눈앞에 그려져 웃음이 났다. 하지만 그러면서도 얼마나 안도감이 들었을까 생각하니 부럽기도 했다. 형은 잠시 눈을 굴리더니 “어디 보자” 하고는 하나씩 기억을 되살려냈다.

“보통 5시 정도에 와서 밤 10~11시가 되면 집에 돌아가지. 그럼 저녁 먹는 한 시간 빼고 네댓 시간 정도를 독서실에 있게 되잖아?”

“우아, 대단해요.”

“그 시간만큼은 아이들이 계획에 전력투구하게 했어. 계획표라는 게 그래. 일단 짜두면 자신과의 약속이 되거든. 별것 아닌 것 같지만 일단은 스스로를 단속하게 되는 거야. 또 내가 틈틈이 찾아가서 잘하고 있나 살피니까 무서워서라도 하더라고.”

나는 곰곰이 생각해보았다. 문득 독서실에 앉아 그날의 계획을 우직하게 밀어붙이는 아이들의 모습이 떠올랐다. 생각해보니 그 아이들이 공부를 잘하게 된 이유를 알 것도 같았다. 그것은 억지로나마 자신에게 약속을 하게 만들고 자신감을 불어넣어 준 형의 힘이었다. 그리고 무엇보다 계획을 하나씩 완수하며 효과를 직접 느낀 아이들의 기쁨이 힘이 되었을 것 같았다.

“사실 나도 이 방법이 그렇게까지 효과를 발휘할 줄은 몰랐어. 그런데 아이들이 불과 1년 만에 엄청나게 성적이 올랐지.”

“형, 그러면 저희들도 늦은 게 아니네요?”

이 질문에 승환 형은 고개를 끄덕였다.

"그 1년 반 동안 나는 수많은 학생들을 봐왔어. 그러면서 자신을 바꾸고 공부에 매진하게 되는 건 결코 시기와 관계없다는 확신을 가지게 됐지. 실제로 스스로도 늦었다고 생각한 고3 아이들조차도 무섭게 변하고 성적이 올라가는 걸 눈으로 봤거든."

"어떻게 그럴 수가 있죠?"

나는 마음이 급해져서 물었다.

"그 친구들은 1년을 보내면서도 그 시간 동안 2~3년 동안 해야 얻을 수 있는 것들을 위해 집중적으로 노력한 거지. 결국 변화는 시작하는 시기나 들인 시간이 중요하지 않아. 무섭게 달려드는 집중력과 노력의 문제지."

지금 우리는 습관이 정착되는 66일을 위해 하루하루를 나 자신과 싸우는 마음으로 임하는 중이다. 병훈이 형을 만나기 전까지의 지난 시간은 이미 아득하게 느껴졌다. 그때 우리는 살아 있다는 기분을 느끼지 못했던 것 같다. 학생이지만 공부에 전념하는 게 두렵고 싫었다.

그 오랜 시간 동안, 그러니까 지금 66일의 몇 십 배가 넘는 그 시간 동안, 내 습관을 고치거나 변화하겠다는 다짐조차 하지 않았던 게 부끄럽게 느껴졌다.

그랬다. 그때의 시간과 지금의 66일은 결코 같은 시간이 아니었다. 짧지만 질 좋은 시간을 만들어 그 안에 집중하는 것, 그것이 기적을 만들어낸다는 생각이 들었다.

"너희도 지금 이 중요한 순간에 병훈이를 만났으니 운이 좋은 거야. 변화를 꿈꾸고 좋은 공부 습관을 들이겠다고 마음만 단단히 먹는다면, 앞으로 얼마든지 변화할 수 있는 충분한 시간이 있는 거지."

형이 그 큰 손으로 우리 머리를 쓸어주면서 말했다.

"실제로 우리 독서실에 다녔던 아이 중에 고등학교 2학년까지 공부를 너무 안 해서 내신이 바닥이었던 학생이 있었어. 수능을 아무리 잘 봐도 내신 성적 때문에 도저히 커버가 안 될 것 같더라고. 하지만 아예 길이 없는 것도 아니었지."

승환 형이 웃으면서 말했다. 우리는 무슨 말이 나올지 조용히 기다렸다.

"나는 그 학생에게 무조건 인·적성 시험에 집중하라고 제안했지. 모자란 내신을 커버할 수 있는 길이 바로 그거였거든. 그

학생은 피나는 노력으로 인·적성 시험을 준비했고 결국 원하는 대학에 합격할 수 있었어.”

승재는 입을 쩍 벌리고 “우아” 하고 중얼거렸다. 형이 다시 말을 이었다.

“그 아이는 중요한 사실을 하나 배운 거야. 절실하게 원하면 길은 반드시 보인다는 거지. 대학 입시든 공부든 길이 꼭 하나만 있는 건 아니야. 중요한 건 원하는 바를 정확히 틀어쥐고 달려가는 추진력 그리고 필요하다면 나쁜 습관을 버리고 매진할 수 있는 헌신이지. 그것만 꾸준히 하면 결과는 반드시 찾아온다. 이 점을 꼭 기억했으면 해.”

나는 고개를 끄덕였다. 생각해보니 아이들이 그 엄한 분위기의 독서실에 남아 계속 공부를 한 것도 바로 그 여러 개의 길들 중 하나일 거라는 생각이 들었다. 그 아이들도 운이 좋았던 거다. 지금의 우리처럼.

병훈 형은 승환 형이 이야기를 하는 내내 우리 표정을 살피면서 뭐가 즐거운지 웃고 있었다. 나는 형이 왜 우리를 멀리까지 데려와 승환 형을 만나게 했는지 알 것 같았다.

“공부를 잘하기 위한 방법? 결론은 하나다.”

병훈 형이 승환 형에게 어깨동무를 하며 말했다. 승환 형은 다 알고 있다는 듯 능숙하게 대답했다.

"그렇지! 결론은 라면이지."

"바로 그거야. 독서실에서 왜 라면을 먹으면 안 되는지 이제 알겠지?"

병훈 형이 툭 던진 한마디에 우리는 모두 와르르 웃었다.

늦지 않았어, 매일매일 시작하는 마음으로

승환 형을 만나고 돌아오면서 승재는 평소와 달리 말이 없었다. 그리고 중얼거리듯 말했다.

"에이, 오늘 홍민이가 같이 왔으면 좋았을 텐데."

평소에는 늘 장난만 치던 승재가 홍민까지 챙기는 걸 보니 이상할 정도였다.

"괜찮아, 오늘 배운 걸 홍민이한테 잘 전해주면 되지. 자, 그럼 다음 숙제를 해결해볼까? 결정적으로 그 아이들이 변화를 꿈꾸고 실질적으로 성적이 오른 계기가 뭐였을까?"

"공부를 잘하고 싶다는 마음?"

승재가 먼저 말했다. 형이 고개를 끄덕였다.

"그것도 중요하지. 하지만 조금 더 구체적인 계기가 있었어."

이번에는 내가 생각나는 것을 말했다.

"학생들이 독서실에 오자마자 그날의 공부 계획을 세운 것?"

형이 또 고개를 끄덕였다.

"내 생각에도 바로 거기부터였던 것 같아. 목표와 계획은 떼어 놓을 수 없는 관계야. 목표를 달성하려면 장기적 그리고 단기적으로 그 일을 이루어나갈 계획이 필요해. 그 계획을 통해서 자신을 통제하고 조절하지 않으면 고무줄처럼 제자리로 돌아가기 마련이거든."

형이 다시 자세히 설명해주었다.

"예를 들어 서울대에 가고 싶다면 어떤 계획이 필요할까? 구체적으로 그 대학에서 원하는 기준부터 살펴봐야지. 거기에 맞게 고등학교 때 내신을 몇 등급 맞고, 모의고사를 몇 점 받고, 수능을 몇 점 받아야겠다고 구체적으로 계획을 짜는 거야. 시간이 지나면 그걸 한 사람과 그렇지 않은 사람의 차이가 엄청나게 벌어지게 돼. 그런데 계획을 세우는 것보다 중요한 게 있어."

"더 중요한 거요?"

나와 승재가 눈을 동그랗게 뜨고 말했다.

"바로 실천이야. 아무리 제대로 장전한 총알도 방아쇠를 당기지 않으면 결코 나가지 않아. 승환이의 독서실에서 기적이 일어난 가장 근본적인 이유는, 학생들이 계획만 짠 게 아니라 그것을 매일 실천해나갔기 때문이야. 그런 날들이 하루하루 쌓여서 놀라운 힘을 발휘한 거지."

나와 승재는 동시에 고개를 끄덕였다.

"그래서 한 가지 숙제를 내주겠다."

형이 손바닥을 마주치며 말했다.

"앞선 스승에게서 배우는 거다."

"스승이요? 형이 우리 스승이잖아요."

그 말에 형은 헛기침을 했다.

"그렇긴 하지만, 한 가지 문제가 있어. 습관을 변화시키는 과정은 매일, 매시간 모든 세세한 일상 속에서 이루어져야 하는 거야. 내가 이렇게 밖에서 너희를 만나기는 해도 너희 세 사람의 학교생활까지 지도할 수는 없어. 내가 너희와 같은 교실에서 공부할 수는 없잖아."

"음… 그렇긴 해요."

승재가 고개를 끄덕였다.

"이렇게 형에게 배운 걸 정말 내가 교실에서도 잘하고 있는 건지 점검하고 싶은 마음이 들긴 했어요."

"그래서 이번에는 교실에서 너희 스승을 찾으라는 거다."

"그게 누구예요?"

이번에는 내가 물었다.

"첫째는 공부를 열심히 하는 친구여야겠지. 반에서 1, 2등 하는 아이들의 공부 습관을 잘 관찰하는 거야. 두 번째는 가장 친절하고 너희에게 많은 걸 보여줄 수 있는 친구를 곁에 두는 거야. 그런데 말이지, 너희는 이미 그런 친구를 하나 가진 것 같아."

"에… 설마 홍민이요?"

승재가 말도 안 된다는 듯이 웃었다. 하지만 나는 웃지 않았다. 홍민이가 지난 한 주간 우리에게 보여줬던 모습이 떠올랐기 때문이다. 형이 무슨 말을 하는지 알 것 같았다.

"그럼, 학교에서는 홍민이를 따라 하면 되는 거죠?"

형은 고개를 끄덕였다.

"이제 곧 중간고사지? 요즘 홍민이가 방과 후에 학교나 독서실에서 공부하잖아? 너희도 같이 독서실에서 공부를 해보는 건 어떨까. 공부와 친해지는 가장 좋은 방법 중 하나는 공부를 잘하는 친구를 따라 하는 거야. 공부 잘하는 친구의 좋은 습관과 노하우를 손쉽게 익힐 수 있는 좋은 방법이거든."

불과 몇 주 전만 해도 나는 홍민이에게 뭔가를 배워보겠다고 생각한 적이 없었다. 오히려 어릴 때부터 홍민이에게 무엇이든 가르쳐준 적이 더 많았다. 하지만 상관없었다. 지금까지 내가 홍민이에게 가르쳐준 것처럼 홍민이도 나에게 많은 걸 가르쳐줄 테니까. 내가 생각에 잠겨 있는 모습을 흘끗 보더니 형이 다시 말을 이었다.

"사실 나도 비슷한 경험이 있어."

"형도요?"

내가 형에게 묻자 형이 고개를 끄덕였다.

"그게 바로 승환이다."

"어! 공부 시키기의 달인 형이요?"

“응, 승환이는 나와 달리 검정고시로 중학교 과정을 통과했어. 그런데 모의고사 성적이 나보다 뛰어났지. 그때 이상한 기분이 들더라고. 성적을 알게 된 순간 질투가 나면서도 참 대단하다고 생각했어. 그건 오기일 수도 있고, 라이벌 의식이기도 했던 것 같아.”

그제야 나는 왜 병훈 형과 승환 형이 그토록 친하면서도 알 수 없는 긴장감이 흘렀는지 이해할 수 있었다. 두 사람은 서로를 격려해주기도 하고 긴장하게도 만드는 공부 동지였던 것이 틀림없었다.

“내가 고등학교 1학년에 올라가면서 성적이 엄청 올랐다고 했지? 그때 나는 승환이와 방과 후에 만나서 같이 공부를 하곤 했어. 승환이는 당시 친구들 사이에서 매우 유명했지. 그런 모습을 보니까 나도 저렇게 주목을 받고 싶다는 생각이 들더라고. 나도 내가 가진 힘을 최대한 발휘해보고 싶었어. 그날부터 나는 승환이를 마음속 라이벌로 정하고 그 친구가 보이는 자리에만 앉았어. 먹이를 노리는 매의 눈으로 녀석을 관찰했지.”

형이 친구를 노려보는 모습을 상상하자 ‘풋’ 하고 웃음이 났다.

"그런데 정말 열심히 하더라. 계획을 짜고 딱 그 시간만큼은
자리도 뜨지 않았어. 나는 승환이 근처에 앉아서 '네가 자리를
뜨지 않으면 나도 안 떠'라고 마음먹으며 버텼어. 그렇게 엉덩
이에 땀이 차도록 앉아 있었던 거야. 승환이는 늘 자기가 어떤
문제집을 풀고 있고 어떻게 공부해야 하는지 내게 알려줬어.
나는 그걸 새겨들으면서 차분히 준비했고."

"그래서 어떻게 됐어요?"

그러자 병훈 형이 가슴을 쭉 폈다.

"다음번 모의고사에서 내가 더 좋은 성적을 받았지."

은근히 자랑스럽고 뿌듯한 얼굴이었다.

"승환 형, 은근히 골났겠어요. 공부 방법을 알려줬더니 형이
모의고사에서 앞서 버렸으니까요."

내가 웃으면서 물었다.

"그렇지 않았어. 승환이는 자신이 만들어가는 공부의 즐거움
을 중요시 여기는 녀석이야. 경쟁 자체를 탐탁해 하지 않았기
때문에 혼자서 공부도 한 거고. 그런 상황에서 나에게 즐기는
공부 방법을 전수할 수 있으니 오히려 더 기뻐했지."

"와, 형과 승환 형은 서로를 지지해주는 두 줄짜리 명주실이네

요? 그럼 우리는 세 줄이니까 더 잘하겠다!"

승재가 천진난만하게 웃었다. 형도 고개를 끄덕였다.

"그래, 너희 셋은 서로 지탱하고 도와주면서 공부뿐만 아니라 앞으로 할 일이 많을 거다. 지금은 홍민이가 조금 앞서 있을지 모르지만, 너희들도 홍민이와 함께 열심히 준비하면 나중에는 나란히 걸을 수 있을 거야."

"나란히 걷는다….'

내가 중얼거렸다.

"응, 그렇게 나란히 걷는 거다."

형이 다시 고개를 끄덕였다.

공부 잘하는 친구는 가장 훌륭한 스승

선생님들은 이제 우리의 앞자리 진출에 익숙해지신 듯했다. 불과 열흘 정도가 지났을 뿐인데 앞자리에 앉는 일이 자연스럽게 느껴졌다.

홍민이를 자세히 관찰해보니 늘 선생님의 말씀을 알아들었다는 표시로 고개를 끄덕이곤 했다. 노트나 책에 밑줄을 그을 때를 빼고는 선생님의 눈을 뚫어지게 쳐다보기도 했다. '내가 선생님이라도 홍민이 같은 학생이 진짜 예뻐 보이겠다' 하는 생각이 들 정도였다.

나와 승재는 작정이라도 한 것처럼 홍민이가 고개를 끄덕일 때마다 동시에 신 나게 고개를 끄덕였다. 홍민이는 어색했는지 자꾸 그만하라는 눈치를 주었지만 우리는 키득거리면서 계속 장난을 쳤다. 그러나 그런 장난도 잠시였다. 수업 시간이 중반을 넘어서면 나도 모르게 집중할 수 있었다.

또 한 가지 큰 소득이 있었다. 어느 날 아침 일찍 교실에 들어선 우리에게 홍민이가 작은 목소리로 속삭였다.

"민수랑 경식이 잘 봐."

민수와 경식이는 반에서뿐만 아니라 전교 1, 2등을 다투는 아이들이었다. 둘은 벌써부터 자리에 앉아 교과서를 펼쳐놓거나 노트를 뒤적이고 있었다. 복도 바깥에서 무슨 소리가 들려도 꿈쩍하지 않았다.

"뭐하는 거지?"

"아침에 그날 수업 준비를 하는 거야. 우리가 지난 한 주간 학교에 남아서 했던 예습을 아침 시간에 한다고 보면 돼. 아침 한 시간을 그날 주요 과목 수로 나누어서 교과서를 딱 두 번씩 읽고 요약하는 거야.”

“홍민아, 그럼 우리도 예습을 아침 시간으로 옮기자. 지난 한 주간 감 잡았거든. 민수랑 경식이한테 지지 않겠어.”

승재가 결의에 가득 찬 표정으로 말했다.

“아침에 예습하고 집에 가서는 게임?”

내가 말하자 승재는 사뭇 진지한 표정으로 말했다.

“아니, 난 홍민이 따라서 독서실 갈 거야! 난 이제 홍민이의 도플갱어가 되기로 결심했어! 우린 한 몸이 될 거야!”

“우우, 무슨 이상한 소리야.”

홍민이와 나는 어이없다는 얼굴로 승재를 바라보았다. 승재는 그래도 좋다고 싱글싱글 웃고 있었다.

* * *

형의 말이 옳았다. 시작한 지 얼마 되지도 않아 우리는 그걸 알 수 있었다. 수업 시간에 집중하려면 정말 많은 에너지가 필요했다. 덕분에 수업이 끝나자마자 우리는 다크서클이 얼굴을 뒤덮을 정도로 피곤해져 버렸다. 지난 몇 달간 홍민이가 왜 그렇게 수업만 끝나면 곧바로 게임도 안 하고 집에 돌아갔는지 알 수 있었다. 그 무렵 가장 눈에 띄게 변한 건 승재였다.

"아, 오늘부터는 정말 게임 안 할 거야. 내가 게임하는지 안 하는지 확인 전화 좀 해주라."

어느 날 저녁 집으로 돌아갈 때였다. 승재가 조금은 자신 없는 투로 말했다. 그날 밤 나는 서둘러 집에 들어가 씻고 책상 앞에 앉았다. 그리고 교과서를 뒤적이며 오늘 공부한 것들을 찾아보았다. 수업 시간에 집중해서 들어서인지 중요한 부분이 쉽게 눈에 들어왔다.

"딱 두 시간만 집중하자!"

나는 집안이 울릴 정도로 크게 외쳤다. 바깥에서 청소기를 돌리던 고모가 "배고파? 간식 줄까?" 하고 물었지만 "아니에요!" 대답하고는 곧바로 필기 내용을 살펴보기 시작했다. 선생님의 농담까지 고스란히 적은 필기는 이야기를 읽는 것처럼 재미있었다. 이렇게 귀에 잘 들어오는 걸 지금까지 몰랐다는 게 신기할 뿐이었다. 공부하기로 마음먹은 시간이 지나 나는 승재에게 전화를 걸었다.

"너, 게임하지? 히히."

승재가 앓는 소리로 전화를 받았다.

"안 해. 으흑흑."

그때 승재가 갑자기 뭔가 신이 난 목소리로 말했다.

"나 뭐하고 있게?"

"뭐하는데?"

"동생한테 책상 앞에서 못 움직이게 의자에 묶어달라고 했어.
히히."

"어휴, 꼭 그렇게까지 해야겠냐?"

나는 핀잔을 주었지만 뚱뚱한 승재가 의자에 묶여서 끙끙대고
있을 상상을 하니 우습기도 하고 대견하기도 했다.

다음 날 아침, 나는 아침에 일찍 일어나 고모가 전날 저녁 차
려놓은 아침을 대충 먹고 서둘러 집을 나섰다. 고작 한 시간
일찍 나선 건데도 등굣길은 한산하기만 했다. 봄날의 벚꽃이
날리는 길을 걸으니 기분이 그렇게 좋을 수가 없었다. 교문 안
으로 들어서는데 저만치에서 "지훈아! 같이 가!" 하는 소리가

들렸다. 승재 녀석이었다. 나는 짐짓 놀라는 표정으로 승재를 바라보았다.

"일찍 나왔네? 게임 안 했어?"

"그럼 당근이지, 최승재의 역사를 다시 썼다."

승재가 조금 퀭한 얼굴로 말했다. 들어보니 어젯밤 화장실 갈 때 빼고는 꼬박 의자에 묶인 채 간식도 먹고 공부도 했다는 것이다. 게다가 이제 갓 중학교 1학년인 여동생이 오빠 옆에 앉아서 꼼짝도 못하게 지키며 같이 공부했다고 능청을 떨었다.

"야, 네 여동생 독한 건 진작 알았다만."

내가 큭큭댔다. 그래도 승재는 무언가 자랑스러운 표정이 얼굴에 가득했다.

그렇게 오전 수업이 끝나고 점심시간이 되었다. 아침 예습을 시작하며 우리는 또 한 가지를 깨달았다. 예습을 하고 수업을 들었더니 저절로 집중력이 높아진 것이다. 조금이라도 아는 이야기가 나오면 자연스럽게 귀가 열리고 집중할 수밖에 없었다.

그렇게 한 시간씩 수업이 끝날 때마다 새로 배울 것이 생겼다.

공부는 장기간의 싸움이기도 하지만, 단기간의 싸움이기도 하다는 걸 알았다. 수업 시간마다 주어진 싸움이 있는데, 결국 그 한 시간 한 시간의 싸움이 쌓여서 긴긴 싸움의 승패를 결정하는 것이다.

점심을 먹고 난 뒤 나와 승재, 홍민이는 셋이서 오랜만에 산책을 했다. 일요일 동안 내내 놀다가 월요일 오전에 집중을 하려니 머릿속이 어지럽기도 했다.

"참, 너희들 희망 노트는 매일 써?"

"응, 하루 이틀 빼먹기는 했지만 꾸준히 썼어. 난 그거 재밌더라. 엄마한테 보여주면 막 뽀뽀해주시던데, 히히."

"에이, 엄마 뽀뽀가 아직도 좋냐?"

홍민이가 승재를 타박하는 걸 보면서 나는 웃기만 했다. 뽀뽀는커녕 꾸중하는 엄마라도 있으면 좋겠다는 생각이 들었다. 순간 승재가 조금 진지해져서는 말했다.

"너네 알잖아. 우리 엄마 매일 하시는 말. 공부 못하는 애는 우리 집안에 필요 없다고 하셨잖아. 그래서 엄마한테 혼나거나 내가 너무 초라하게 느껴지는 날에는 노트에 스스로 잘했다고 생각하는 점을 더 많이 적었어. 나에게 쓰는 칭찬도 적고. 그 런데 말이지….”

승재가 다시 킥킥거리더니 말했다.

“엄마가 그걸 우연히 보신 거지. 그 다음부터 그런 말 안 하셔.”

“정말이야?”

“응, 밥 잘 먹고 건강하라고만 하시지. 히히.”

“으하하. 승재 어머니답다.”

우리는 배를 잡고 웃었다. 그때 홍민이가 문득 생각난 듯이 이 야기를 꺼냈다.

“그 노트 쓰다가 하나 생각한 게 있어. 아프리카로 가려면 좀 더 구체적인 계획을 짜야겠다는 생각 말이야. 도서관을 만들 면 일단 책이 많이 필요하잖아? 또 도서관 운영 같은 것도 배 워야 하고. 그래서 나중에 대학에 가면 작은 도서관 만들기 운 동을 해보고 싶어.”

“좋다! 그럼 나는 아프리카에 우물을 팔래. 거기에는 물이 부 족하잖아?”

“그럼 나는 사진을 찍을래. 너희들이 열심히 일하는 거 찍어서 웹 사이트에 올려 홍보해줄게.”

우리는 스탠드에 앉은 채 우리가 새롭게 만든 아프리카의 풍경을 떠올렸다. 지금의 힘든 순간을 이겨내고 나면 얼룩말이며 사자며 기린들이 우리를 두 팔 벌려 맞이해줄 것만 같았다.

얼마 전만 해도 우리는 게임 애기가 제일 좋았다. 연예 프로그램에 나온 개그맨들의 우스꽝스러운 이야기를 몇 번이고 되풀이하기도 했다. 그런데 지금은 뭔가 달라져 있었다.

"이상하지?"

내가 홍민이와 승재를 돌아보며 말했다. 두 친구도 내가 무슨 말을 하는지 금방 아는 것 같았다.

"참 이상해."

승재가 중얼거렸다.

"응, 정말."

홍민이가 고개를 끄덕였다. 처음의 작은 시도가 점차 큰 변화를 만들어가고 있었다. 이제 중요한 건 꾸준히 하는 것뿐이었다.

7장

한 계단씩 오르는 습관

펭귄, 하늘을 달리다

우리 셋은 수업이 끝나면 곧바로 아파트 단지 근처의 독서실에 가기로 약속했다. 그때였다. 세 개의 휴대폰이 동시에 '띠링' 하고 울리며 문자가 왔다.

나폴레옹이 알프스를 넘을 때도, 카이사르가 루비콘 강을 건널 때도, 그 전에 꼭 빼놓지 않고 한 일이 있었다

무슨 엉뚱한 이야긴가 싶어 문자 보낸 사람을 확인해보았더니 역시 병훈 형이었다.

"형 또 외계어 한다, 히히."

승재가 킥킥댔다.

"그게 뭐냐고 물어봐."

승재가 곧바로 "그게 뭔데요, 스승님?" 하고 물었다. 이내 답
장이 왔다.

📱 잘 먹고 볼일 잘 보는 일

그 말에 우리는 '흐흐' 하며 웃고 말았다. 형은 이 시간쯤 우리
가 지친 발걸음으로 독서실로 향할 거라는 걸 알았던 것이다.

📱 은마 독서실 맞은편 왼쪽 건물 2층에 있는 중국집 자금성을
찾을 것. 자장면 3개, 탕수육까지 주문해두었다. 암호는 돌
아올 수 없는 강 루비콘

"루비콘? 무슨 아이스크림 이름인가?"
승재가 고개를 갸우뚱거리자 홍민이가 핀잔을 주었다.
"바보야, 카이사르가 로마 반란을 일으켰을 때 건넌 강 이름
이잖아. 으이구."
그때 다시 문자가 '띠링' 울렸다.

그 말에 우리는 골목길에서 풀쩍대며 배를 잡고 웃었다.

"하하, 암호까지. 무슨 역모라도 꾸미는 것 같잖아. 그렇게 절박한 마음으로 공부에 목숨 걸라는 뜻 아니야? 와, 무섭네."

역시 형이라는 생각이 들었다. 형의 문자를 보니 왠지 모르게 힘이 솟아났다. 우리는 재빨리 가방을 메고 서서히 노을이 지기 시작한 거리를 달려 은마 독서실, 아니 은마 독서실 앞의 자금성으로 향했다.

공부에는 한 방이 통하지 않아

식당에 들어서자 주인아저씨가 고개를 빼고 우리를 바라보셨다. 우리가 신이 나서 동시에 "아저씨! 루비콘이요!" 하고 외치자 아저씨는 "아아! 병훈 학생 동생들이구나" 하시곤 서둘러 주방으로 들어가셨다.

순식간에 나온 음식을 받아들며 승재가 아저씨에게 물었다.

"아저씨도 우리 형 아세요?"

"그럼, 어릴 때부터 여기 자장면 먹고 컸지. 병훈이가 얼굴이 까무잡잡한 게 건강해 보이지 않던? 그게 다 우리 자장면 덕이다. 프랑스 갔을 때도 우리 집 자장면이 제일 그리웠다더라."

아저씨의 너스레에 우리는 싱글싱글 웃었다. 아저씨는 서비스로 군만두까지 내주셨고 우리는 배도 고프고 맥이 빠져 있던 차에 신 나게 젓가락질을 했다.

"홍민아, 오늘은 무슨 공부할 거야?"

승재가 자장면을 우물거리면서 말했다.

"오늘은 영어 1시간, 수학 1시간 공부하고 국사 교과서 한 번 볼 거야."

홍민이는 벌써 계획을 다 짜놓은 것 같았다.

"야, 어떻게 그렇게 간단하게 계획을 짜?"

"하다 보면 금방 돼. 지난번에 승환 형 만나서 계획표 얘기 들었다면서?"

"아, 그때 같이 갔으면 더 좋았을 텐데."

"괜찮아. 그때 할머니가 아프셔서 어깨 주물러드리고 왔거든. 너희가 잘 들었으면 돼. 나한테도 가르쳐줘."

평소에 유달리 할머니를 좋아하는 홍민이 녀석이 어련할까 싶었다. 그때였다. 아저씨가 우리 테이블에 단무지를 더 주시며 말씀하셨다.

"자장면 맛있냐? 이건 병훈이가 너희들한테 전해주라면서 놓고 간 거다."

아저씨는 홍민이에게 종이쪽지 하나를 건네주셨다.

"흐흐, 의외로 귀여운 구석이 있잖냐? 형 말이야. 웬 편지래."

승재가 홍민이 손에서 편지를 낚아채다가 물컵이 엎어졌지만 다들 아랑곳 않고 서둘러 후닥닥 편지를 읽어보았다.

✉ 이 편지를 읽고 있다는 건 자금성에 잘 도착했다는 뜻이겠지? 공부하기 전에 명심할 사항 두 가지만 전하겠다.

1. 3·4월 모의고사와 중간고사 점수에 크게 신경 쓰지 말 것. 갑자기 공부를 열심히 한다고 해서 곧바로 점수가 오르지는 않아. 특히 너희처럼 오래 놀았던 학생들은 기초를 다지는 데 시간이 걸리기 마련이다. ㅋㅋ 노력의 진가는 1학기 기말고사, 9월 모의고사가 되어야 나올 테니 3, 4월 모의고사는 마음 편히 치르도록.

2. 한 놈만 패는 전법을 사용할 것

영어와 수학은 단숨에 실력을 끌어올리기에는 무리가 있어. 그러니 각자 자신 있는 과목부터 시작하길. 자세한 이야기는 홍민이에게서 듣도록.

　　　－P.S 아저씨한테 서비스 왕창 부탁했으니 잘 찾아 먹을 것

"우아, 센스 짱!"

"괜히 내 사촌 형이겠어?"

홍민이가 어깨를 으쓱하며 말했다.

"그런데 이건 뭐야? 한 놈만 패는 전법?"

승재가 읽으면서 킥킥 웃었다. 하지만 홍민이는 곧 진지한 표정으로 말했다.

"우리처럼 공부를 안 했던 애들은 한꺼번에 여러 과목을 따라가기 힘들잖아. 그래서 형이 가르쳐준 게 바로 '시험 대비 집중 공략'이야. 한두 과목부터 먼저 잡는 거지. 영어나 수학은 차근차근 준비할 게 많잖아? 막상 공부해보니까 단기간에 성적을 올리려면 일단 암기 과목부터 신경을 써야겠더라고. 물론 나도 지난 기말고사 때는 암기 과목 위주로 공부를 했어."

나는 문득 안심이 되었다.

"휴~ 다행이다. 사실 중간고사에서 이 많은 과목을 언제 다 따라가나 싶었거든. 암기 과목은 새로 배워도 이해할 수 있었는데, 수학이랑 영어는 도통 모르겠어. 나도 일단 한두 놈만 패야겠다."

"응, 병훈 형이 9월 모의고사에 초점을 맞추라고 말하는 데에는 이유가 있어. 여름방학 때 영어, 수학의 기본기를 다지라는 뜻이지. 일단 독서실에 가면 오늘부터 계획 세우는 건 내가 도울게. 아직 2주 전이니까, 주요 과목을 하루에 두 시간 정도씩 공부하고 나머지는 이번에 집중할 1~2과목을 공부하도록 계획을 세워보자."

"일단 이번 주까지는 이런 식으로만? 본격적인 준비는 다음 주부터?"

"그게 나을 것 같아. 나는 3주 전까지 그 방법으로 하다가, 2주 전부터 본격적으로 시험 준비에 들어갈 생각이야. 그런데 너희는 처음이잖아. 30분 정도는 오늘 공부한 부분을 훑어보고, 2주 정도 스케줄을 짜서 거기에 맞춰 공부하는 게 낫겠어."

홍민이 말을 들으니 오늘 여기에 오길 잘했다는 생각이 들었다.

“참, 그리고 시작하기 전에 오늘 계획을 적고 시간대 별로 어떤 과목과 단원을 공부할지 써두면 많은 도움이 될 거야. 왠지 그 부분까지는 반드시 끝내야겠다는 생각이 들어서 목표를 더 빨리 이룰 수 있거든. 집에 가기 전에 그날 공부한 부분을 체크하는 것도 좋고.”

차근차근 설명하는 홍민이를 보니 정말 대단하다는 생각이 들었다. 홍민이는 능숙한 솜씨로 우리 계획까지 자신의 계획인 것처럼 신경 써서 만들어주었다. 그때 아저씨가 무언가를 내왔다.

“자, 특별 총명탕이다. 머리가 뻥 뚫릴 거야.”

아저씨가 내온 것은 시원한 콜라였다. 우리는 입을 모아서 “감사합니다!” 하고 외치고는 콜라를 쭉 들이켰다.

* * *

독서실에 들어와서 자리를 잡고 앉았다. 나는 노트를 펴고 오늘의 목표를 적었다.

오늘 복습했던 부분부터 이전 것들을 차례로 읽어보았더니, 대략적인 감이 잡혔다. 무조건 일단 50분을 채운 다음 자리에서 일어난다고 생각한 덕분에 꾹 참고 앉아 있을 수 있었다. 승재도 옆에서 열심히 교과서를 넘기고 있었다.

처음에는 딴생각도 나고 졸리기도 했지만, 20~30분 정도 지나니 나도 모르게 책 속으로 빠져들기 시작했다. 50분이 되자 일단 밖에 나가서 바람을 쐬고 다시 들어왔다. 얼마를 더 공부했을까? 나는 홍민이가 일어서는 걸 확인하고 승재를 불러 밖으로 나갔다.

"공부 잘돼?"

홍민이가 우리에게 물었다.

"솔직히 잘 모르겠어."

나는 한숨을 쉬면서 홍민이에게 말했다.

"일단 시작하니까 할 게 너무 많다. 교과서 읽으면서 모르는 부분 체크해놓은 것도 엄청나고, 노트도 보고 문제집도 풀려면 장난 아닐 것 같아."

"좋은 징조야."

홍민이가 고개를 끄덕였다.

"나도 처음에는 그랬어. 공부 안 할 때는 몰랐는데, 본격적으로 시험이다 뭐다 준비하니까 하면 할수록 계속해서 할 게 더 많이 나오더라고. 그래도 모르는 게 많아진다는 건 좋은 거야. 전에는 내가 그걸 모른다는 사실조차 몰랐던 거잖아. 하나씩 하다 보면 분명히 이번 시험에서 좋은 결과가 있을 거야."

문득 시계를 보니 벌써 8시 반을 가리키고 있었다.

"일단 오늘은 한 시간만 더 하고 9시 반에 집으로 갈까?"

홍민이 말에 내가 고개를 저었다. 그러고는 웃으면서 말했다.

"아니, 30분 더하고 그냥 10시에 가자. 깔끔하게."

"와, 좋은데? 그럼 10시에 보자. 모두 수고!"

"두말하면 잔소리."

우리는 동시에 자리에서 일어나 다시 열람실로 돌아갔다.

* * *

그 무렵 나는 한 가지 사실을 깨달아가고 있었다. 이전에는 하루가 이렇게 길다는 것을 전혀 느끼지 못했다는 사실이다. 학교 끝나면 게임하고 곧바로 집에 가면 숙제하는 것만으로도 벅찼다. 그러다 보니 하루가 왜 이렇게 짧은지 모르겠다고 투덜 댄 적이 한두 번이 아니었다.

무언가가 내 안에서 변하고 있다는 것은 그야말로 뿌듯한 기분이었다. 남은 목표는 하나였다. 딱 지금 하는 것만큼만 열심히 해서 이번 중간고사 때는 꼭 변화된 모습을 보여주고 싶었다. 그런데 무언가 리듬이 꼬이기 시작했다. 모두가 다 내 잘못이었다.

열심히 두 시간 정도 공부를 했는데 승재에게서 슬그머니 쪽지가 왔다. 배가 고프다는 내용이었다. 나도 출출했던 차라 우리는 홍민이에게도 슬쩍 물었더니 마저 할 게 있다고 했다. 그래서 승재와 나만 편의점으로 향했다.

갈 때까지만 해도 그렇게 기분이 좋을 수 없었다. 오늘 계획한 것들을 무리 없이 해냈다는 기쁨 때문이었다. 승재도 그날 날짜를 노트에서 지우면서 이제 30일 남짓 남았다고 기뻐하던 차였다.

"뭔가 공기가 다르게 느껴져."

승재가 기분 좋게 말했다.

"우등생의 공기라도 느껴지냐?"

피식 웃으면서 말했지만 사실 나도 그랬다. 어제는 집에 온 고모에게 간만에 뻐기듯 자랑까지 했다.

"고모, 고모는 우등생 기분을 알아?"

"우등생 기분? 봄날에 핀 꽃을 본 기분?"

"그것보다 훨씬 좋아, 고모. 내가 이번 중간고사 마치고 우등생 돼서 꼭 알려줄게."

"어이쿠, 우리 집에도 드디어 우등생이 나오는 거야? 아무튼 우리 지훈이, 열심히 하는 거 보니 기분은 좋네."

그렇게 어제까지만 해도 엄마처럼 키워주신 고모한테 이번 중간고사 때는 조금 더 나은 성적표를 가져다 드리리라 굳게 다짐까지 했다. 정말 내 마음은 그랬다. 그런데 편의점에서 컵라면을 신 나게 먹는데 창밖으로 요한이와 성철이가 지나가는 게 보였다. 그 애들도 우리를 발견하고는 신이 나서 달려 들어왔다.

"야! 너네 요즘 왜 이렇게 바빠? 게임방 안 와? 요즘 너네 없어서 스타랑 카운터스트라이크가 재미없어."

거기서 모든 게 끝났다. 두 사람이 승재와 나를 붙들다시피 하
는 바람에 결국 딱 30분만 하기로 약속하고 게임방에 들어가
버렸다. 아니, 사실은 우리 의지가 부족했다. 말이 좋아 한 게
임이지 어느새 한 시간 반이 훌쩍 넘어 8시 반이 지났다. 그때
승재의 휴대폰이 울려대기 시작했다.
"지훈아, 홍민이다!"
"야, 뭐해! 빨리 거기 쳐!"
나는 한창 교전 중이라 컴퓨터에서 손을 뗄 수가 없었다. 내 전
화도 몇 차례 울렸지만 그만 휴대폰을 꺼버렸다. 결국 게임방
을 나섰을 때는 무려 11시였다. 시간을 도둑맞은 기분이었다.
요한이와 성철이는 집에 가고 우리는 독서실 문 앞에서 안절
부절못했다.
"아, 미치겠다. 대체 왜 게임방에 간 거지?"
게임할 때의 흥분과 즐거움이 가시자 왜 그랬을까 하는 후회
와 홍민이에 대한 미안함이 밀려왔다. 가방을 싸려고 터벅터
벅 독서실로 들어가니 홍민이가 독서실 입구 의자에 앉아 계속

휴대폰을 보고 있었다. 그러더니 우리를 보자마자 뭔가를 알았다는 듯 자리에서 벌떡 일어나서 나가버렸다. 나가면서 홍민이가 나를 향해 말했다.

"내가 나 좋으려고 이러냐? 그리고 누가 잡아먹기라도 한대? 전화는 왜 안 받냐? 다 그만둬."

승재와 나는 그 자리에서 얼어버렸다. 곧이어 땅이 꺼질 듯한 한숨이 나왔다.

'난 왜 이렇게 못났을까? 나는 왜 이것밖에 안 되지?'

집으로 향하는 발걸음이 무겁기만 했다. 승재도 시무룩한 채 말이 없었다. 그날은 홍민이한테 미안해서 잠도 오지 않았다. 다음 날 바로 옆자리에 앉았는데도 홍민이는 화가 단단히 난 것 같았다. 쉬는 시간이 되자 홍민이는 휙 하고 화장실로 가버렸다. 그때 승재가 다가와서 말했다.

"형 이따가 온대. 점심시간에 들른대."

"형이?"

"응. 어제 있었던 일, 들은 게 틀림없어. 아, 미치겠다."

우리는 고개를 푹 숙였다. 1교시만 끝나면 점심시간이었다. 수업 시간 내내 불안감에 휩싸여 승재나 나나 도무지 수업에 집중을 할 수 없었다. 그렇게 한 시간이 지나자 드디어 점심시간을 알리는 종이 울렸다.

공부 리듬을 유지하기

"이 녀석들!"

우리가 식당에 들어서자마자 형이 엄한 표정을 지으며 우리를 바라보았다. 각오는 하고 있었지만 승재와 나는 찔끔 놀라서 고개를 푹 숙였다. 형이 더 이상 우리를 가르치지 않겠다고 할까봐 가슴이 두근거렸다. 그런데 갑자기 형이 빙긋 웃더니 우리를 바라보았다.

"어, 많이 놀랐어? 정말 그렇게 기죽어 있으니 너희답지 않잖아."

그 말에 승재와 나 모두 고개를 들었다. 형이 우리 앞에 수저를 놓아주며 말했다.

"괜찮아. 그럴 때도 있는 거다."

그 난데없는 말에 승재와 나는 서로를 바라보며 금방 얼굴이 밝아졌다. 그때 형이 다시 굵은 눈썹을 꿈틀대면서 무서운 표정을 지었다.

"그렇지만 홍민이한테는 정말 잘못했다는 거 알지? 그건 너희들도 잘 알 거라고 믿는다."

나와 승재는 가만히 고개를 끄덕였다.

"그래. 너희들 표정 보니까 미안해 하는 것도 알겠다. 누구나 실수는 하는 거니까 홍민이랑 잘 풀도록 해. 그리고 내가 여기 온 이유는 다른 게 아니야. 그 얘기를 듣고 가장 먼저 든 생각은 애써 지금까지 만들어놓은 공부 리듬이 깨지면 어쩌나 하는 거였어."

우리는 영문을 모르겠다는 표정으로 형을 바라보았다. 형이 다시 설명을 시작했다.

"이를테면 운동을 한다고 생각해봐. 운동도 초반에만 열심히 한다고 실력이 늘지 않아. 서서히 리듬을 타면서 실력이 상승했다가 하강하기도 하면서 나중에는 안정세로 들어서잖아. 마찬가지로 공부에도 리듬이라는 게 있어. 공부가 습관화되려면 바로 그 리듬을 이어가는 게 중요해. 특히 공부를 본격적으로 시작할 때에는 한 번 리듬을 놓치면 다시 회복하는 데 시간이 걸리지."

형의 말에 어제 게임방에 갔던 일이 또다시 후회되기 시작했다.

"하지만 중요한 건 앞으로도 그 리듬이 몇 번이고 더 끊어질 수 있다는 거야. 예를 들어 몸이 아파서 하루 공부를 못 할 수도 있는 거고, 어느 날은 당장 공부보다 중요한 일이 생길 수도 있어. 친구가 급한 부탁을 할 수도 있잖아? 그뿐일까? 왠지 의욕이 나지 않을 수도 있고.

그럴 때 만일 '너는 왜 그 모양이니? 그렇게 약속을 못 지켜서 뭘 하겠니?' 하는 말을 부모님이나 선생님, 친구에게 들었다고 생각해봐. 그럼 기분이 어떨 것 같아? 공부할 맛이 날까?"

"아니요."

우리는 식탁을 내려다보며 조그만 목소리로 말했다.

"형이 얘기했지? 너희랑 가장 많은 대화를 나누는 사람이 누구라고 그랬지?"

"자기 자신이요."

"그런데 놀랍게도 내가 나 자신의 좋은 친구가 못 되어줄 때도 많아. 오히려 공부 리듬을 잃게 만드는 최악의 말은 그 누구도 아니라 바로 자신이 제일 많이 하지. '내가 왜 이럴까? 나는 왜 이것밖에 못 할까?' 하는 것들 말이야."

그 말에 나도 모르게 고개를 끄덕였다. 어제와 오늘 바로 내가 했던 생각이었다.

"생각대로 안 된다고 자신을 마구 채찍질하다가 혼자 피투성이가 되는 셈이지."

"형도 그랬어요?"

"물론이지. 남들이야 저 친구는 안심하고 공부하겠구나 했지만 사실 그렇지 않았어. 생각대로 움직이지 않는 나를 보면서 절망도 하고 나보다 앞서가는 친구들을 보며 우울하기도 했지. 예를 들면 말이다…."

형이 잠시 고민하더니 말을 이었다.

"야간 자율학습 끝나고 집에 가서 텔레비전을 볼 때였어. 15분 동안 스포츠 뉴스만 봐야지 했는데 드라마 보고, 드라마 끝나고 토론 프로그램까지 보는 경우가 많았거든. 또는 메일 확인한다고 컴퓨터를 켰는데, 온라인 게임을 해버리는 식으로 딴 길로 새는 경우도 많았고."

'나만 그런 게 아니구나' 하는 생각에 안도감도 들고 형도 이런 생각을 했다는 게 신기했다. 형은 당시의 감정이 떠올랐는지 말을 하면서도 매우 안타까운 표정을 지었다.

"지금 생각하면 안타깝고 스스로에게 미안해. 내 자신이 공부

기계도 아니고, 굳건한 의지로만 뭉친 사람도 아니니 그럴 수도 있는 건데, 스스로를 너무 몰아세운 거지. 그렇게 자책을 하고 나면 기분이 나빠져서 공부도 잘 안 됐고."

형의 말에 고개가 끄덕여졌다. 사실 나 스스로에게 좌절하고 난 뒤부터는 공부가 잘 안 되고 기분만 상했던 것 같았다. 형은 말을 계속했다.

"계획이 엇나갔을 때 가장 중요한 건 스스로를 몰아세우지 않고 오히려 격려하는 거야."

형이 미소를 지었다. 나와 승재의 얼굴에도 희미하게나마 미소가 떠올랐다. 어제 이후로 공부할 마음과 의욕이 가라앉아 있었는데 형의 말을 들으니 안심이 되면서 오히려 힘이 솟았다.

"비행기가 이륙하는 데 시간이 얼마나 걸리는지 아는 사람?"

형의 갑작스러운 질문에 우리는 서로를 바라보았다. 승재가 먼저 답했다.

"글쎄요. 한 30초 정도?"

"몇 분 걸리지 않나?"

이번에는 내가 말했다.

"비행기마다 다르겠지만 큰 비행기일수록 승객을 태우자마자 곧바로 이륙하지 않아. 활주로에 진입하기 전까지 거리도 꽤 있고, 관제탑과 여러 가지 메시지를 보내면서 이륙 시기도 조정을 해야 되거든. 그리고 본격적으로 활주로에 진입하기 전에 속력을 내는 데에도 오랜 시간이 걸리지."

형은 잠시 눈을 감았다가 떴다.

"자, 어때? 너희도 멋지게 이륙하는 데 시간이 필요하지 않겠냐?"

형이 우리를 바라보았다. 그 눈빛은 진지했다.

"처음 시작할 때는 어렵지 않을 거라고 했지만, 사실 습관을 고치는 건 결코 쉬운 일이 아니야. 내가 그렇게 말한 건 지레 겁부터 먹고 시작도 하지 않을까 싶어서였어."

형 말이 맞았다. 만일 공부 습관을 잡는 것이 쉽지 않다고 생각했다면 아예 도전할 꿈조차 꿀 수 없었을 것이다. 형이 다시 '음음' 하며 목을 가다듬고 말했다.

"생각해봐. 우리는 3년 동안 계속해온 습관도 잘 고치질 못해. 이런 상황에 지난 16년간 몸에 밴 습관을 고치려면 당연히 어렵겠지."

"맞아요. 가끔은 예전처럼 편해지고 싶을 때도 있어요."

내가 조용히 말했다.

"그래. 새로운 습관을 들이다보면 다시 예전의 편한 삶으로 돌아가고 싶을 때도 있고, 실패할 수도 있어. 하지만 이건 당연히 겪어야 하는 과정이야. 물론 나도 겪었고. 더 크게 생각하면 전 인류가 모두 이러한 시행착오를 무수히 겪으면서 발전해온 거지."

형은 물을 한 컵 마신 다음 이야기를 계속해나갔다.

"중간에 무슨 일이 있어도 멈추지 말고 나아가면 돼. 활주로로 진입하려면 방향 전환도 해야 하니까 천천히 움직여야겠지? 정말 중요한 건 이제 너희 모두가 저마다 목표를 설정하기 시작했다는 거야. 그러면 지금 출발하는 비행기는 모두 각자의 목적지가 있겠지? 그리고 일단 이륙을 하게 되면 바로 그곳을 향해 순항할 수 있는 거야."

"네."

나와 승재가 동시에 대답했다.

"꾸준히 노력해봐. 일단 활주로로 진입하면 멋지게 가속도를 내며 비행할 수 있을 거야. 또 너무 과도하게 몰입하다간 활주로에서 이탈하는 수도 있지. '내가 잘할 수 있을까?', '수능 점수가 잘 나올까?', '갑자기 수능 날 배가 아파서 망치면 어떻게 하지?', '내가 지금 뭘 하고 있지?' 하는 생각은 떨쳐버리길 바란다. 수험생활의 가장 큰 적은 시간이 부족한 것도, 잠도 아니야."

"에에? 그럼 대체 뭔가요?"

승재가 궁금해 못 참겠다는 듯 물었다.

"바로 자책하는 마음과 불안함, 두려움 같은 감정이지. 큰 비행기일수록 이륙하는 데 시간이 걸리기 마련이니까 차분히 준비하고 목표를 향해 멋지게 나아가도 돼. 자, 이제 점심시간이 거의 끝나가네. 홍민이는 마음 좁은 녀석이 아니니까 진심으로 사과를 하면 분명히 받아들일 거야. 오늘의 숙제는 홍민이와의 관계를 회복하고, 너희들 공부 리듬을 다시 찾는 거다. 알았지?"

승재와 나는 형의 말에 고개를 끄덕였다. 서운하고 답답해 하던 홍민이 얼굴이 떠올라 쥐구멍에라도 숨고 싶은 기분이었다. 하지만 용기를 내야 했다.

내가 결심이라도 한 듯 자리에서 벌떡 일어서자 승재도 따라

일어섰다. 나는 뒤돌아서 형을 바라보며 씩 미소를 지었다. 형
도 고개를 끄덕이며 웃고 있었다. 다시 한 걸음 나아가야 하는
순간이었다. 우리는 서둘러 학교를 향해 뛰기 시작했다.

습관이 바뀌면
기적이 일어난다

그로부터 며칠이 흘렀다. 우리는 중간고사를 눈앞에 두고 있었다. 쉬는 시간에 홍민이가 불쑥 다가와서 우리에게 시험지 뭉치를 내밀었다.

"이건 우리 학교 작년이랑 재작년 기출문제야. 한번 풀어보면 도움이 될 거야."

"엇! 이런 건 어떻게 구했어? 그런데 이건 어차피 작년에 나온 문제잖아."

승재가 의아한 목소리로 말했다.

"이거야말로 다른 문제집들보다 중요해. 시험 문제는 결국 선생님이 내시는 거잖아. 그러니 각 과목 선생님들이 어떤 부분에서 어떤 식으로 출제하시는지 이걸 풀어보면 확인할 수 있어. 일종의 감을 잡을 수 있는 길잡이가 돼주는 거지."

나는 두툼한 기출문제집을 훑어본 뒤 한숨을 내 쉬었다.

"이제 일주일 남았는데 잘할 수 있을까?"

홍민이는 웃으면서 고개를 끄덕였다.

"저번처럼 게임방으로 도망만 안 가면 괜…."

순간 나와 승재가 약속이나 한 것처럼 후닥닥 일어나 홍민이의 입을 막아버렸다.

"읍! 뭐하는 거야, 너희들!"

홍민이가 우리 손아귀에서 벗어나려고 손을 휘저으면서 말했다.

"흐흐, 민망하니까 그만하자."

내가 웃으며 말했다. 승재는 씩씩대며 땀까지 흘리고 있었다.

그날부터 승재와 나는 그때 생각만 하면 미안하고 부끄럽고 이상한 생각이 잔뜩 들어서 고개를 들지 못했다. 게다가 그 이후로는 매일같이 홍민이 녀석에게 번갈아 야식을 사주고 있었다. 그럴 수밖에 없는 것이 우리가 편의점에 갈 때면 항상 홍민이가 감시하듯 따라 나왔기 때문이다. 하지만 늦봄의 한적한 공기 속에서 오순도순 라면 먹는 맛은 말 그대로 무엇과도 바꿀 수 없는 기쁨이었다. 셋이라서, 이렇게 함께여서 모든 게 든든했다.

우리는 진작에 형의 말처럼 한 놈 패기 전법을 짜둔 뒤였다. 나와 승재는 지금껏 예습하는 데 가장 많은 시간을 들인 사회와 국사를 택했고, 여기에 나는 과학을, 승재는 국어를 추가하기로 했다. 그리고 독서실에서는 일주일간의 시험 계획을 짰다. 주중에는 이대로 한 번씩 공부하고 주말에 세 과목의 전략 과목을 보충하면 어느 정도 준비를 마칠 수 있을 거라는 생각이 들었다.

어느덧 10시가 넘어 우리는 가방을 들고 터벅터벅 집으로 향했다.

"아, 시간이 왜 이렇게 빨리 가는지 모르겠어. 공부 안 할 때는 시험 전날에도 자신이 있었는데, 이제는 해야 할 게 산더미네."

홍민이가 웃으며 대답했다.

"좋은 징조네! 제대로 공부하고 있다는 증거니까. 이번 시험 잘 볼 것 같은데?"

승재도 고개를 끄덕였다.

"나도 딱 2주일만 더 있었으면 좋겠어. 그러면 전교 1등도 할 거 같아, 히히. 그리고 홍민짱, 혹시 내가 너보다 성적 잘 나와도 나 미워하지 마, 알았지?"

홍민이가 웃으며 말했다.

"제발 좀 그렇게나 돼라. 지금껏 우리가 게임에서 쌓은 명성을 공부에서도 쌓아나가야 하지 않겠어?"

* * *

지금껏 뭔가에 이렇게 몰두해본 적은 처음이었다. 우리는 지난 60일 남짓 동안 조금씩 무언가를 위해 움직이고 있었다. 당장은 눈에 보이지 않겠지만 그 시간이 알게 모르게 자신감을 주었다.

일주일이라는 시간을 우리 셋은 함께 독서실에서 보냈다. 불과 2~3개월 전만 해도 책상 앞에 이렇게 오래 앉아 있는 것조차 상상할 수 없었다. 승재는 이제 15일 정도면 습관을 만드는 66일을 마무리한다며 기쁜 내색이었다. 하루하루 날짜를 지울 때마다 서글서글한 눈망울을 굴리며 행복해 했다.

"이제 예습 안 하고 독서실에 안 가면 오히려 찜찜하고 어색해."

승재의 말에 홍민이와 나도 얼굴을 마주보며 놀라워했다.

내 변화는 집안 분위기에도 변화를 가져왔다. 한동안 나는 너무 바빠서 매일 11시가 넘어서야 집에 들어갔다. 들어가서도 간식만 챙겨 먹고 한두 시간 복습을 한 다음 잠이 들었다. 고모도 무언가 김새를 채셨는지 저녁 밥상에 반찬이 달라졌다. 시험 전날은 일찍 자야 할 것 같아서 이른 시각에 집에 들어갔다가 아빠와 고모 다 같이 밥을 먹게 되었다. 그때 고모가 말했다.

"곰곰이 생각해봤는데 이젠 나 없이도 잘 지낼 것 같아, 우리 지훈이가."

"이상한 소리 하지 마요, 고모."

내가 퉁명스럽게 말하자 이번에는 아빠가 웃으며 말했다.

"너 요즘 사춘기라며? 그러니 매일 괴롭히는 고모는 없는 게 낫다더라."

"어머, 오빠. 난 진심이었다고요."

고모가 아빠를 향해 눈을 흘겼다. 나는 싱긋 웃으면서 말했다.

"고모, 걱정 안 해도 돼. 나 이제 게임방 대신 독서실 가요. 고모도 66일 동안 운동해봐요. 그럼 몸짱 될 수 있을걸?"

"66일? 그건 또 무슨 소리야?"

아빠가 국을 한 그릇 더 떠 오시며 물었다.

"그런 게 있어요. 나중에 설명해드릴게요. 그리고 나 열심히 공부하는 거 봤지? 그러니까 용돈 올려주셔야 해요."

고모가 나를 바라보며 윙크를 보냈다.

"참, 내일 시험이지?"

"어! 어떻게 알았지?"

"네 방 달력에 표시 엄청 크게 해놨잖아. 아무튼 시험 잘 보라고 맛있는 음식 잔뜩 해서 냉장고에 넣어 놨으니까, 내일 꼭 챙겨 먹고 가. 알았지? 아침 잘 먹어야 머리가 팽팽 돌아간다. 내일 지각하지 말고."

"응, 그럴게요. 그리고 지금 성식이가 초등학교 3학년이었던가?"

내가 갸우뚱하자 아빠가 말했다.

"아니, 4학년이지. 너랑 같이 올해 한 살 더 먹었잖니."

"좋았어! 고모, 성식이 교육은 나한테 맡겨요. 내가 대학생 되면 공짜 과외 해줄게."

"어이구, 말만으로도 고맙다. 오늘 너무 늦게까지 공부하지는 말고 일찍 자. 그래야 내일 집중도 잘되지."

"와! 고모가 일찍 자라고 말한 건 오늘이 처음이네!"

내가 흐흐 웃자 고모도 쑥스러운 듯 미소를 지었다. 평소라면 내가 설거지 당번이었지만 오늘은 달랐다. 아빠가 허둥지둥 밥상을 치우더니 오늘은 내 대신 설거지를 해주겠다고 하셨다.

방문을 닫고 들어왔지만 신이 난 듯한 고모와 아빠의 이야기 소리가 한참이나 이어졌다. 그 소리가 그렇게 푸근하고 따뜻하게 느껴질 수가 없었다.

나는 곧바로 국사 교과서를 한 번 더 읽은 뒤 기출문제를 다시 한 번 풀어보았다. 일주일 전과는 달리 70% 정도는 답을 맞힐 수 있을 것 같았다. 처음부터 너무 무리하게 욕심내지 말고 70%만 넘기자고 생각했다.

한 번 더 최종 점검을 마치고 침대에 누웠는데 시험에 대한 걱정 때문인지 잠이 잘 오지 않았다. 나는 다시 스탠드를 켜고 일어났다. 그리고 오랜만에 서랍을 열어서 엄마 사진을 꺼냈다. 엄마가 액자 안에서 환하게 웃고 있었다. 엄마는 아프기 전에 내게 동생 못 낳아줘서 미안하다고 말씀하셨다. 나도 동생이나 형이 있었으면 하고 생각한 적이 있었지만 이제는 괜찮았다.

홍민이와 승재 그리고 병훈 형의 얼굴을 떠올렸다. 바깥에서 한창 내 얘기를 하고 있을 고모와 아빠도 생각했다. 무언가 안개 낀 것처럼 자욱하게 느껴지던 시간이 맑게 걷히는 기분이었다. 나는 속으로 '엄마, 내일 시험 잘 보고 공부도 열심히 해서 좋은 아이가 될게요'라고 말하고는 곧바로 잠이 들었다.

* * *

수고 많았다. 다들 시험 끝나면 자금성으로 와라. 오늘은 형이 쏜다!

5일간의 시험이 드디어 끝났다. 휴대폰을 켜니 형에게서 문자가 와 있었다. 준비를 많이 해둔 과목들은 대체로 잘 치른 것 같았다. 수학과 영어 그리고 나머지 과목은 여전히 어려웠지만 그래도 뿌듯했다. 나를 걸고 열심히 했다는 느낌 때문인지 미련은 없었다.

결과는 기대한 것보다 놀라웠다. 영어와 수학 성적은 비슷했지만 다른 과목들은 15~20점 정도나 올랐다. 특히 주력했던 국사와 사회는 주관식 채점 결과에 따라 90점까지도 바라볼 수 있을 것 같았다. 시험 답안을 맞춰보면서 승재와 내가 하도 깡충대서 다른 친구들이 무슨 일 있냐고 물어볼 정도였다.

마지막 시험을 마치자 우리 셋은 득달같이 자금성으로 달려갔다. 헐레벌떡 들어서는 우리를 형이 반가운 얼굴로 맞이했다.

"아, 이 녀석들! 진짜 보고 싶더라. 시험 기간이라 전화 한 통 하기도 어렵고."

형의 말에 우리 모두 신 나게 웃었다.

"에이, 저희 같은 짐 덩어리들이 뭐가 보고 싶어요, 헤헤."

우리는 곧 짬뽕과 자장면, 탕수육을 시켜놓고 시험 결과 이야기에 정신이 없었다. 형도 우리 이야기를 듣고 기쁜 표정이었다.

"어때? 할 만했지?"

"사실 처음엔 겁이 나서 답 맞춰볼 생각도 못 했거든요. 그런데 이렇게까지 잘 나올 줄은 몰랐어요."

승재가 신이 나서 말했다.

"그래, 일단 이번에 사회와 국사에 집중했으니, 다음 기말고사에는 다른 두 과목까지 범위를 넓히는 거다. 이렇게 한 과목씩 정복해가면서 실력이 향상되는 거야."

형의 말에 나와 승재는 고개를 끄덕였다.

"형, 그런데요, 암기 과목은 그렇다 쳐도 영어와 수학은요? 이번에 문제 푸는데 시간 부족해서 혼났어요."

"중요한 목표는 기말고사에 두라고 전에 말했지? 이제 조금 쉬었다가 다음 주부터라도 영어, 수학에 시간을 많이 투자해봐. 지금처럼 꾸준히 독서실에 가면서 공부 시간의 50% 정도를 영어, 수학에 기울이는 거야."

"그렇게만 하면 영어랑 수학 점수도 오르는 날이 올까요?"

"일단 공부 습관이 몸에 배면 영어, 수학도 곧 따라잡을 수 있을 거야. 한 번 궤도에 오른 열차는 지속적으로 속력을 높이기 마련이니까. 그리고 형이 이번 시험 결과를 바탕으로 하나 이야기해주고 싶은 게 있어."

진지한 표정을 지으며, 형이 말했다.

"이번 시험에서 홍민이랑 승재, 지훈이 모두 점수 차가 조금 났을 거야. 그렇지?"

그 말에 승재와 나는 고개를 숙였다. 많이 오르긴 했지만 일찍 시작한 홍민이를 당해낼 수는 없었던 것이다.

"공부의 의욕을 꺾는 가장 나쁜 버릇이 바로 비교의식이야. 열심히 하려다가도 '지금부터 시작한다고 잘할 수 있겠어?'라는 생각을 갖게 되거든. 특히 성적표를 받고 서로의 등수를 확인하면 분명히 그런 생각이 더 강해질 거다. 그래서 미리 말해두는 거야. 서로의 점수를 보고 우월감이나 자괴감 갖지 말라고."

형의 말을 듣고 내 마음을 들킨 것 같아 조금 놀랐다. 사실 중간고사를 준비하면서 자꾸만 내가 홍민이를 의식하고 비교하는 모습을 발견했다. 그리고 그럴 때마다 불안한 마음이 들었다. 이렇게 나와 승재를 위해 헌신적으로 도와주는 홍민이에게 그런 마음이 생긴다는 게 영 내키지 않던 차였다.

"진정한 비교는 남과 하는 게 아니라 어제의 자신과 하는 거야. 모두가 출발점이 다른데 비교만 해서는 늘 뒤처질 수밖에 없겠지? 그러니 어제보다 조금이라도 더 나아진 내게 모든 에너지를 집중하는 힘이 필요한 거고. 지난 2개월간 벌써 많은 것들이 달라졌잖아? 스스로도 알고 있지?"

"네! 형. 이제 저 날짜 지우는 거 일주일밖에 안 남았어요. 앞으로 또 한 번 66일에 도전해볼래요. 공부를 안 하면 어색할 때까지요."

승재가 활짝 웃자 형도 얼굴에 웃음이 번졌다.

"그래, 지난 두 달 동안 너희가 이뤄온 걸 생각해봐. 삶의 비전도 그려보고, 대학교에 가보고 목표도 다지고, 여러 공부 습관을 몸에 붙였지? 이제 이런 변화를 다른 데에도 적용해봐."

"어… 운동 같은 거 말씀하시는 거예요?"

나는 얼마 전 고모에게 했던 이야기를 떠올리며 말했다.

"그렇지. 운동도 될 수 있고, 아침에 일찍 일어나는 것에도 적용할 수 있지. 흔히 삶은 여러 습관의 집합이라고도 해. 즉 작고 큰 습관들이 모여서 지금의 너희 모습들, 나아가 미래를 결정한다는 거야. 이렇게 습관을 변화시켜 본 경험은 앞으로 너희에게 여러모로 유익한 자산이 될 거야. 참, 무엇보다도 이 말 한 가지만 명심했으면 좋겠어."

형은 잠시 뜸을 들인 뒤 한 단어씩 또박또박 이야기했다.

"한 사람이 꾸는 꿈은 꿈으로 끝나지만, 함께 꾸는 꿈은 현실이 된다."

"어, 멋진 말인데요?"

내가 감탄하자 승재가 옆에서 이야기했다.

"아! 그거 박노해 시인의 말이잖아요."

그 말에 다시 한 번 홍민이와 내가 "우아!" 하고 승재를 바라보았다.

"승재가 대단하구나. 그래, 형은 이번 시험 성적이 오른 것보다도 너희가 그 과정에서 함께 공부하고 준비했던 경험이 더 가치 있는 거라는 말을 해주고 싶다. 앞으로도 같이 힘을 합쳐 준비하는 과정에서 더 많은 것을 배우고 느낄 수 있을 거야."

그러자 지난 두 달 동안 홍민이가 알려주었던 공부 방법, 함께 도서관에서 보냈던 시간들이 눈앞에 떠올랐다.

"형은 너희가 함께 공부하면서 대학뿐만이 아니라, 이 사회를 위해 큰 꿈을 꾸었으면 좋겠어. 사실 너희 나이부터 준비하면 정말 많은 일들을 이루어낼 수 있거든. 함께 공부하고 독서하고 꿈꾸면서 멋진 인물로 자라났으면 좋겠어."

"네? 우리가요?"

우리 셋은 조금 어이없다는 표정으로 병훈 형을 바라보았다.

"사실, 커다란 변화는 소수의 사람들로부터 시작되는 경우가 많거든. 혹시 윌버포스와 클래팜 공동체라고 알고 있니?"

우리는 고개를 저었다.

"16세기 이래 영국은 노예 무역으로 악명이 높았어. 노예 무역을 폐지시키기 위해 노력해 그 결실을 맺은 사람이 바로 윌리엄 윌버포스야. 그리고 클래팜 공동체는 윌버포스를 도와 그 제도를 폐지하기 위해 함께 노력한 공동체고. 그 공동체에 속한 사람이 몇 명이었게?"

"글쎄요? 수천 명? 아니면 수백 명?"

"땡! 바로 다섯 명이야. 윌버포스와 그의 친구 다섯 명이 영국을 변화시킨 거지. 형은 고등학교 때부터 그런 모습을 꿈꿨어. 나는 경영 분야, 다른 친구는 정치 분야, 다른 친구는 외교 분야, 또 다른 친구는 법조 분야로 진출해서 전문가가 된 다음에 함께 뜻을 모아 좋은 일을 하고 싶다고 말이야."

"와, 완전히 독수리 오형제잖아요?"

"하하, 그러고 보니 그렇구나. 하지만 우리는 결국 입시 공부에 치여서 그 뜻을 이루지 못했지. 그렇지만 너희라면 충분히 가능할 거라고 믿어. 지금처럼 함께 공부하고, 서로 격려하며 커나가길 바란다. 그래서 함께 대학에 가고 사회에 진출한 뒤에 꿈을 위해 함께 노력하는 거지. 결코 불가능한 꿈이 아니야. 자, 모두들 잔을 들자!"

형은 컵마다 콜라를 가득 채우고 잔을 들어올렸다.

"너희의 우정과 발전을 위해, 건배!"

우리는 도원결의라도 하듯, 삼총사가 서로의 우정을 다짐하듯 컵을 맞부딪쳤다. 우리는 이제 막 새로운 트랙 위에 서 있었다.

한언의 사명선언문
Since 3rd day of January, 1998

Our Mission – • 우리는 새로운 지식을 창출, 전파하여 전 인류가 이를 공유케 함으로써 인류문화의 발전과 행복에 이바지한다.

– • 우리는 끊임없이 학습하는 조직으로서 자신과 조직의 발전을 위해 쉼없이 노력하며, 궁극적으로는 세계적 컨텐츠 그룹을 지향한다.

– • 우리는 정신적, 물질적으로 최고 수준의 복지를 실현하기 위해 노력하며, 명실공히 초일류 사원들의 집합체로서 부끄럼없이 행동한다.

Our Vision   한언은 컨텐츠 기업의 선도적 성공모델이 된다.

저희 한언인들은 위와 같은 사명을 항상 가슴 속에 간직하고
좋은 책을 만들기 위해 최선을 다하고 있습니다.
독자 여러분의 아낌없는 충고와 격려를 부탁드립니다.
• 한언 가족 •

HanEon´s Mission statement

Our Mission – • We create and broadcast new knowledge for the advancement and happiness of the whole human race.

– • We do our best to improve ourselves and the organization, with the ultimate goal of striving to be the best content group in the world.

– • We try to realize the highest quality of welfare system in both mental and physical ways and we behave in a manner that reflects our mission as proud members of HanEon Community.

Our Vision   HanEon will be the leading Success Model of the content group.